Cuadros Sinópticos

CUADROS SINÓPTICOS DE

TEOLOGÍA

Y

DOCTRINA CRISTIANA

CUADROS SINÓPTICOS DE

TEOLOGÍA

Y

DOCTRINA
CRISTIANA

H. Wayne House

CUADROS SINÓPTICOS DE TEOLOGÍA Y DOCTRINA CRISTIANA
Edición en español publicada por
Editorial Vida – 2007
Miami, Florida

© **2007 por H. Wayne House**

Originally published in the USA under the title:
Charts of Christian Theology & Doctrine
© **1992 by H. Wayne House**
Published by permission of Zondervan, Grand Rapids, Michigan 49530, U.S.A.

Traducción: *Gisela Sawin Group*
Edición: *Gisela Sawin Group*
Diseño interior: *Pablo Snyder & Co.*
Diseño de cubierta: *Good Idea Productions, Inc.*

ISBN: 978-0-8297-4600-6

Categoría: *Referencias bíblicas / General*

IMPRESO EN ESTADOS UNIDOS DE AMÉRICA
PRINTED IN THE UNITED STATES OF AMERICA

11 12 13 14 ❖ 6 5 4 3 2

Para W. Robert Cook,
del que aprendí mi teología básica,
y Earl D. Radmacher, maestro, amigo
y padre espiritual adoptivo,
del que también aprendí a vivirla.

Contenido

Prefacio

Armar este libro de *Cuadros sinópticos de teología y doctrina cristiana* ha sido un trabajo largo pero fructífero. Desde que comencé a enseñar teología en la Universidad Le Tourned, y, luego, en el Seminario Teológico de Dallas, sentí que se necesitaba un libro de cuadros básicos similar a mi libro *Cuadros Cronológicos y de Fondo del Nuevo Testamento*. No se intenta en este volumen proveer un análisis exhaustivo o estudio de la teología. Preferentemente, mi deseo ha sido establecer lo más claramente posible, diferentes perspectivas de varios temas dentro de ella, que son frecuentemente de interés o, al menos, conocidos por los estudiantes. Primordialmente, he seguido un acercamiento clásico a la teología que podría desilusionar a algunos eruditos; pero creo que será más beneficioso, en general, para maestros, estudiantes y legos, los grupos que principalmente usarán este trabajo. La teología ha caído en tiempos malos en algunos círculos, pero para aquellos que verdaderamente aprecian la Palabra de Dios y desean conocer lo que él está buscando revelar a su pueblo, es una tarea necesaria y gloriosa. Yo espero que todos aquellos que usen este libro reciban la clase de beneficio que yo he obtenido al escribirlo. Es inevitable que diferentes tipos de errores ocurran en la producción de un libro como este, con su gran cantidad de detalles. Estaré muy contento de corregir aquellos que mis lectores me hagan ver, en futuras ediciones.

H. Wayne House

Soli Deo Gloria

Reconocimientos

Muchas personas fueron de influencia en la producción de este libro. Deseo agradecer a los estudiantes de mis variadas clases de teología en el Seminario Teológico de Dallas, especialmente a aquellos que me brindaron una asistencia singular en la producción de estos cuadros: Mark Allen, Rod Chaney, Kathie Church, Larry Gilcrease, Alan K. Ginn, Casey Jones, Mike Justice, Johann Lai, Randy Knowles, Toni Martin, Doreen Mellott, Steve Pogue, Greg Powell, Brian Rosner, David Seider, Brian Smith, Gayle Sumner, Larry Trotter. Agradezco, especialmente, a Richard Greene, Greg Trull y Steve Rost, asistentes de investigación de estudiantes y amigos que trabajaron conmigo en este proyecto y en otros, como un servicio de amor para un hermano en Cristo. Si hay más, les ruego me disculpen por mi olvido.

También, ciertos estudiantes asistentes en el Western Baptist College fueron de gran ayuda, cuando yo era decano y profesor de teología en esa escuela: Rob Baddeley, Marie Thompson, Toni Powell y Colleen Schneider Frazier. Muchas gracias, al profesor Tim Anderson.

Asimismo, deseo expresar mi gratitud a mis colegas en el Seminario Dallas (Craig Blaising, Lanier Burns, Norman Geisler, Fred Howe, Robert Lightner y Ken Sarles) quienes examinaron los diferentes cuadros, en relación con sus especialidades en teología.

Gregg Harris fue de gran ánimo para mí, al decidir emprender la producción de este libro, usando la computadora Macintosh y el Aldus PageMaker. ¡Gracias, Gregg!

Stan Gundry y Len Goss de Zondervan han sido más que pacientes en esperar que este trabajo estuviera completo. Ellos han exhibido gracia cristiana y entendimiento hacia mí en los últimos años, más allá de lo que se podría haber esperado.

En verdad, le agradezco al Señor por ellos. Finalmente, a mi esposa Leta y a mis hijos, Carrie y Nathan, quienes han sido una bendición de Dios para mí, a través de los años. Su apoyo ha sido, realmente, uno de los maravillosos regalos de Dios.

1. RASGOS DISTINTIVOS DE LOS SISTEMAS TEOLÓGICOS

Teología Católico Romana tradicional	
Naturaleza de la teología	La teología está constantemente evolucionando en su comprensión de la fe cristiana. El principio ignaciano de adaptación y el principio de desarrollo de J.H. Newman reflejan la naturaleza cambiante de la teología Católico Romana. El rasgo católico de cambio se debe, principalmente, a la posición autoritativa dada a las enseñanzas de la iglesia.
Revelación	La Biblia, incluyendo los apócrifos, es reconocida como la fuente autorizada de revelación, así como también, la tradición y la enseñanza de la iglesia. El Papa también realiza pronunciamientos autoritativos *ex cathedra* (silla magisterial) en temas de doctrina y moral, los cuales están libres de error. La iglesia es la madre; guarda e interpreta el canon. Muchos eruditos Católico Romanos, posteriores al Vaticano II, se desviaron de la enseñanza tradicional de la iglesia en esta área y abrazaron perspectivas de alta crítica de las Escrituras, además de rechazar la infalibilidad del Papa.
Salvación	La gracia salvífica es transmitida a través de los siete sacramentos, que son los medios de la gracia. El Bautismo, la Confirmación y la Eucaristía tratan con la iniciación dentro de la iglesia. La Penitencia y la Unción están relacionadas con la sanidad. El Matrimonio y la Ordenación son sacramentos de compromiso y vocación. La iglesia administra los sacramentos a través del sacerdocio ordenado, jerárquicamente organizado. La postura tradicional era que no había salvación fuera de la iglesia, pero la enseñanza reciente ha reconocido que puede recibirse gracia fuera de ella. En el sacramento de la Eucaristía, el pan y el vino se convierten en el mismo cuerpo y sangre de Cristo (Transubstanciación).
La iglesia	Las cuatro cualidades esenciales de la verdadera iglesia son la unidad, la santidad, el catolicismo, y el apostolicismo. Fundamentalmente, la iglesia es la jerarquía ordenada, con su ápice en el Papa. La organización está construida alrededor de una autoridad sacerdotal centralizada comenzando desde Pedro. La autoridad del sacerdocio proviene de la sucesión apostólica en la iglesia. Los obispos, en Roma, tienen poder para evaluar los hallazgos de escuelas y realizar pronunciamientos y definiciones conciliares. La iglesia es la mediadora de la presencia de Cristo en el mundo. Es usada por Dios, como su agente, para mover al mundo hacia su reino.
María	En el Concilio de Éfeso (431 dC), María fue declarada como la madre de Dios, así como también, la madre de Jesucristo, en el sentido de que el Hijo que llevó fue tanto Dios como hombre. Cuatro fiestas Marianas (la anunciación, la purificación, la asunción y la natividad de María) son observadas. María es sin pecado original o personal, por la intervención de Dios (inmaculada concepción). María es la mediadora misericordiosa entre el hombre y Cristo, el Juez.

Porciones de este cuadro están basadas en material de Stanley N. Gundry y Alan F. Jonson, *Tensions in contemporary Theology* [Tensiones en la teología contemporánea], Moody Press, Chicago ,1976. Usado con permiso.

1. RASGOS DISTINTIVOS (continuación)

Teología natural

Definición	La teología natural es el intento de obtener una comprensión de Dios y su relación con el universo, a través de la reflexión racional, sin apelar a una revelación especial como la auto-revelación de Dios en Cristo y en la Escritura.
Fundamento Epistemológico	Dios es el eterno, inmutable, soberano, santo, Dios personal, creador del universo. Él tiene todo bajo su control y, a través de sus decretos eternos, desde la eternidad, ha planeado el futuro. Esto es hecho de una manera tal que él no es moralmente responsable por la maldad.
Relación con la teología revelada	La teología natural trata con la existencia de Dios con atributos de fuentes comunes a todos los hombres (creación, razonamiento lógico, etc.) mientras que la teología revelada trata con la verdad específica discernida de la Escritura. La teología natural requiere solamente la razón; la revelada, también la fe y la iluminación del Espíritu.
Propósito de la teología natural	La teología natural puede ser usada apologéticamente para probar la existencia de Dios. También apoya la teología revelada. Si las conclusiones de la teología natural son aceptadas, entonces sería «razonable» también aceptar la verdad teológica revelada. De esta manera, la teología natural tiene un propósito evangelístico.
Objeciones posibles	La teología natural carece de base bíblica e intenta eximir a la razón de los efectos de la caída y de la depravación.

Teología luterana

Teología	La teología se construye alrededor de tres doctrinas fundamentales: *sola scriptura* (solo la Escritura), *sola gratia* (solo la gracia), *sola fide* (solo la fe).
Cristo	Cristo es el centro de la Escritura. Su persona y su obra, especialmente, su muerte sustitutoria son la base de la fe cristiana y del mensaje de salvación.
Revelación	Solo la Escritura es la fuente autoritativa para la teología y para la vida y enseñanza de la iglesia. La Escritura es la misma Palabra de Dios y es tan verdadera y autoritativa como Dios mismo. En el centro de la Escritura se encuentra la persona y obra de Cristo. Así, su principal propósito es soteriológico proclamar el mensaje de salvación en Jesucristo. La Palabra, a través de la obra de Cristo, es el modo de Dios para la salvación.

1. RASGOS DISTINTIVOS (continuación)

Salvación	La salvación viene solo por la gracia de Dios, mostrada a través de la obra de Cristo. El medio para recibirla es la fe. Las personas no contribuyen en nada a su salvación; no tienen libre albedrío con respecto a ella. Dios es la causa eficiente de la salvación. El Espíritu trabaja a través de la palabra del Evangelio, del bautismo y de la Eucaristía, para traer la salvación. Usa el bautismo de infantes para producir fe en ellos y traerlos a la salvación. La eucaristía implica la presencia real de Cristo con el pan y el vino, aunque estos elementos continúan siendo pan y vino (consubstanciación). La teología de la cruz debe ser la marca de la verdadera teología. En lugar de centrarse en los aspectos acerca de la naturaleza y obras invisibles de Dios, como discute la teología natural, a la que Lutero llama una teología de gloria, los cristianos deben centrarse en la humildad de Dios revelada en la muerte de Cristo en la cruz. En una teología de la cruz, los creyentes vienen a tener un conocimiento de Dios y también de sí mismos y de su relación con él.

Teología anabaptista

Teología	Los anabaptistas no dieron énfasis a estudios teológicos sistemáticos. Preferentemente, la doctrina fue forjada de acuerdo con su aplicación a la vida. Se caracterizaron por celo misionero, una vida de separación y un énfasis en la eclesiología.
Revelación	La Biblia debe ser obedecida completamente en la vida. Es la única autoridad y guía. El Espíritu revela el mensaje de la Palabra a la comunidad creyente. La interpretación de la Escritura es discernida primariamente en las reuniones de la iglesia. Los anabaptistas tienden a enfocarse en las enseñanzas de Cristo y del Nuevo Testamento, más que en las del Antiguo.
Salvación	El pecado no es tanto una esclavitud sobre el libre albedrío del hombre como una capacidad perdida de responder a Dios. El libre albedrío del hombre le permite arrepentirse y obedecer al evangelio. Cuando uno se arrepiente y cree, Dios lo regenera para andar en vida nueva. El énfasis es mayor en la obediencia que en el pecado, mayor en la regeneración que en la justificación.
La iglesia	La iglesia es un cuerpo visible de creyentes obedientes a Cristo. Existe como una comunidad visible, no como un cuerpo invisible o una iglesia estatal. Solo los creyentes adultos pueden participar del bautismo. El bautismo testifica la separación del creyente del mundo y su compromiso de obedecer a Cristo. Los sacramentos: el bautismo y la Cena del Señor son solo símbolos de la obra de Cristo; no imparten gracia al participante. Las características de la vida de un miembro de la iglesia deben ser la conversión personal, una vida santa, el sufrimiento por Cristo, la separación, el amor por los hermanos, obediencia pasiva y la obediencia a la Gran Comisión. La iglesia es un reino de Dios que está en un constante conflicto con el reino malvado en el sistema del mundo. Está para evangelizar al mundo, pero no para participar de su sistema. Esto impide ocupar cualquier cargo gubernamental o servicio militar.

1. RASGOS DISTINTIVOS (continuación)

Teología de la reforma

Teología

La teología de la reforma se fundamenta en el tema central de la soberanía de Dios. El todo de la realidad cae bajo su supremo gobierno.

Dios

Dios es soberano y perfecto en cada aspecto, y posee toda justicia y poder. Él creó todas las cosas y las sustenta y no está limitado de ninguna manera por la creación.

Revelación

La teología de la reforma descansa en la Escritura solamente (*sola scriptura*). La Biblia es la Palabra de Dios y, como tal, permanece sin error en todo aspecto. Ella guía toda la vida y enseñanza de la iglesia. Es autoritativa en cada área que trata.

Salvación

Dios, en la eternidad pasada eligió un número de criaturas caídas para ser reconciliadas consigo mismo. A su tiempo, Cristo vino para salvar a los elegidos; el Espíritu Santo los ilumina para que crean al Evangelio y reciban la salvación. Ellos nunca pueden resistir a la obra del Espíritu, ni apostatar luego de recibir la salvación. Esta puede ser resumida en los Cinco Puntos del Calvinismo: Depravación completa, Elección Incondicional, Redención Limitada, Gracia Irresistible y Perseverancia de los Santos (TULIP).

La iglesia

La iglesia está compuesta por los elegidos de Dios que han recibido la salvación. Estos están destinados por el pacto de Dios para servirle en el mundo.
El bautismo simboliza la entrada en el cuerpo del pacto, tanto para niños como para adultos, aunque ambos pueden renunciar a él.
Cuando los creyentes comparten la Cena del Señor en fe, el Espíritu Santo trabaja en ellos para hacerlos participantes espirituales.
Generalmente, los ancianos elegidos por la iglesia, enseñan y supervisan al cuerpo de la iglesia local. La unidad de la iglesia debe estar fundada en el acuerdo doctrinal.

1. RASGOS DISTINTIVOS (continuación)

1. RASGOS DISTINTIVOS (continuación)

Teología arminiana

Teología

La teología arminiana se preocupa por preservar la justicia (equidad) de Dios. Cómo un Dios justo podría hacer a los individuos responsables de la obediencia a mandamientos que no pueden obedecer. Enfatiza la presciencia divina, la responsabilidad humana, el libre albedrío y la gracia universal (común).

Dios

Dios es soberano, pero ha elegido dar libre albedrío al ser humano.

Salvación

Dios predestinó para salvación a aquellos que antes conoció que se arrepentirían y creerían (elección condicional). Cristo sufrió por los pecados de toda la humanidad; así, la redención es ilimitada. La salvación puede ser perdida por un creyente, entonces uno debe luchar para no caer y perderse. Cristo no pagó la pena por nuestros pecados; porque si lo hubiera hecho, entonces todos habrían sido salvos. Antes bien, Cristo sufrió por nuestros pecados para que el Padre pueda perdonar a aquellos que se arrepienten y creen. La muerte de Cristo fue un ejemplo de la pena del pecado y del costo del perdón.

Teología wesleyana

Teología

La teología wesleyana es esencialmente arminiana, pero tiene un sentido más fuerte de la realidad del pecado y de la dependencia de la gracia divina.

Revelación

La Biblia es revelación divina, el patrón fundamental para la fe y la práctica. Sin embargo, hay cuatro medios por los cuales la verdad es transmitida. La Escritura, la razón, la tradición y la experiencia (El cuadrilátero de Wesley). La Escritura tiene suprema autoridad. Junto con ella, la experiencia se halla como la mejor evidencia del cristianismo.

Salvación

La salvación es un proceso de gracia de tres pasos: gracia previniente, gracia justificadora y gracia santificadora. La gracia previniente es la obra universal del Espíritu entre el nacimiento de uno y su salvación; impide que uno se aleje demasiado de Dios y le permite a uno responder, positiva o negativamente, al evangelio. Para aquellos que reciben el evangelio, la gracia justificadora produce salvación y comienza el proceso de santificación.
El creyente tiene como objetivo el obtener la santificación completa, producida por el Espíritu Santo en una segunda obra de gracia. La santificación completa significa que uno ha sido perfeccionado en amor. La perfección no es absoluta, sino relativa y dinámica. Cuando uno puede amar sin motivos impuros o sin un interés egoísta, entonces ha logrado la perfección.

1. RASGOS DISTINTIVOS (continuación)

Teología liberal

Teología

Los teólogos liberales buscan articular el cristianismo desde el punto de vista de la cultura y el pensamiento contemporáneos. Ellos intentan mantener la esencia del cristianismo en imágenes y términos modernos.

Dios

Dios es inmanente. Él mora dentro del mundo y no está ni por encima ni aparte del mismo. De esta manera, no existe distinción entre lo natural y lo sobrenatural.

La trinidad

El Padre no obra sobrenaturalmente, sino a través de la cultura, la filosofía, la educación y la sociedad. La teología liberal es usualmente unitaria antes que trinitaria, ya que reconoce solamente la deidad del Padre. Jesús estaba «lleno de Dios», pero no era Dios encarnado. El Espíritu no es una persona dentro de la Divinidad, sino que es simplemente la actividad de Dios en el mundo.

Cristo

Cristo dio un ejemplo moral para la humanidad. Él también nos expresó a Dios. No murió para pagar la pena de nuestros pecados o para imputar su justicia al hombre. Él no era ni Dios ni salvador, sino solamente el representante de Dios.

El Espíritu Santo

El Espíritu es la actividad de Dios en el mundo; no, la tercera persona de la Divinidad que es igual en esencia al Padre y al Hijo.

Revelación

La Biblia es un registro humano falible de pensamiento y experiencias religiosas. La validez histórica del registro bíblico es puesta en duda. Las contribuciones científicas prueban que lo milagroso en la Biblia es solo una expresión religiosa.

Salvación

El hombre no es pecador por naturaleza, sino que posee un sentimiento religioso universal. El objetivo de la salvación no es la conversión personal, sino el progreso social. Cristo dio el ejemplo máximo de aquello por lo que la humanidad se está esforzando y en lo que finalmente se convertirá.
La teología liberal ha negado uniforme y característicamente la caída, el pecado original y la naturaleza sustitutiva de la Redención.

El futuro

Cristo no retornará personalmente. El reino vendrá a la tierra como resultado de un desarrollo moral universal.

1. RASGOS DISTINTIVOS (continuación)

	Teología existencialista
Teología	Los teólogos existencialistas afirman que debemos «desmitificar» la Escritura. Ello nos significa rechazar el mensaje cristiano, sino la cosmovisión de una época pasada: explicar todo lo sobrenatural como mito. La parte importante de la fe cristiana, consecuentemente, se transforma en una experiencia subjetiva, antes que en una verdad objetiva (ver salvación). La Biblia, una vez desmitificada, no habla acerca de Dios, sino del hombre.
Dios	No es posible un conocimiento objetivo de la existencia de Dios. El concepto de Dios fue una ayuda para los cristianos primitivos para entenderse a sí mismos; pero en nuestro tiempo, con una cosmovisión diferente, podemos ver más allá del mito. Así, Dios es nuestra manifestación de la vida humana. «Es entonces claro que si un hombre habla de Dios, debe evidentemente hablar de sí mismo» (Bultmann). Si Dios existe, él obra en el mundo como si no existiese. Y no podemos conocer acerca de él de ninguna manera objetiva.
La trinidad	La Trinidad es un mito relacionado con el contenido sobrenatural de la Biblia (Ver Dios).
Cristo	Jesús es un hombre común. Como el Nuevo Testamento es considerado un mito, solo tenemos algún conocimiento del «Jesús histórico». Eso nos deja un cuadro de Jesús sin ninguna intervención «divina». La cruz no tiene sentido en relación con la carga vicaria del pecado, y la resurrección es completamente inconcebible como un evento histórico. Lo mismo sucede con el nacimiento virginal y otros milagros.
El Espíritu Santo	Todo lo que sabemos acerca del Espíritu Santo pertenece a las partes no confiables de la Biblia, que son solo míticas.
Revelación	La Biblia no es una fuente de información objetiva acerca de Dios. Para comprenderse a sí mismas, las personas de los primeros siglos crearon un mito alrededor de Jesús. Él no hizo milagros ni resucitó de los muertos. Si podemos «quitar los mitos» del evangelio, descubrimos el propósito original detrás del mito y encontramos guía para nuestras vidas hoy. Esto es llamado «desmitificación». La Biblia se convierte en un libro que tiene como objetivo transformar a las personas a través de la confrontación.
Salvación	La «salvación» implica encontrar al propio «yo». Esto se da al elegir poner nuestra fe en Dios, lo cual cambiará nuestra visión de nosotros mismos. La salvación, entonces, es un cambio de nuestra perspectiva y conducta de vida, construido en una experiencia de «Dios»; no, una modificación de la naturaleza del hombre. Como no sabemos nada objetivo acerca de Dios, es un asunto de «fe en la fe».
El mito	Bultmann comprendió el mito como una manera de hablar de lo trascendente en términos de este mundo: «La mitología es aquella forma de lenguaje figurado en la cual aquello que no es de este mundo, aquello que es divino, es representado como si fuera de este mundo y humano. El "más allá" es representado como el "aquí y ahora"».

1. RASGOS DISTINTIVOS (continuación)

	Teología neo-ortodoxa
Teología	La neo-ortodoxia es más una hermenéutica que una teología sistemática completa. Reaccionó contra el liberalismo de fines del siglo XIX y luchó para retener la esencia de la teología reformada, adaptándose, al mismo tiempo, a los asuntos contemporáneos. Es una teología del encuentro entre Dios y el hombre.
Dios	Dios es totalmente trascendente, excepto cuando él elige revelarse a sí mismo al hombre. Dios es totalmente soberano y libre de su creación. No puede ser conocido a través de pruebas (Kierkegaard). Tampoco, a través de la doctrina objetiva, sino a través de una experiencia de revelación.
Cristo	Cristo, como está manifestado en la Escritura, es un Cristo de fe; no necesariamente el Jesús histórico. Cristo es la revelación de Dios. El Cristo importante es aquel experimentado por el individuo. Cristo no fue nacido de una virgen (Brunner). Es el símbolo de un nuevo ser en el que todo lo que separa a la persona de Dios es anulado (Tillich).
Revelación	La revelación de Dios al hombre a través de su Palabra es triple. Jesús es la Palabra encarnada. La Escritura señala a la Palabra. La predicación proclama a la Palabra hecha carne. La Biblia contiene la Palabra de Dios. La Palabra es revelada por el Espíritu cuando la Biblia y Cristo son proclamados. La Biblia es humana y falible, y solo confiable hasta el punto de que Dios se revela a sí mismo, a través de los encuentros con ella. La historicidad de la Escritura no es importante. El relato de la creación es un mito (Niebuhr) o una leyenda (Barth).
Salvación	El hombre es completamente pecador y puede ser salvado solamente por la gracia de Dios. La Palabra produce una decisión crítica entre la rebelión del pecado y la gracia de Dios. Solo por fe una persona puede elegir la gracia de Dios en esta crisis y así recibir la salvación. Toda la humanidad es elegida en Cristo (Barth). No hay pecado heredado de Adán (Brunner). El hombre peca por elección; no por naturaleza. (Brunner). El pecado es el ego-centrismo (Brunner). El pecado es la injusticia social y el miedo (Niebuhr). La salvación es el compromiso con Dios en un «salto de fe» ciego, al estar en desesperación (Kierkegaard).
Escatología	El castigo eterno y el infierno no son realidades (Brunner).

1. RASGOS DISTINTIVOS (continuación)

	Teología de la liberación
Teología	La teología no es vista como un sistema de dogmas, sino como una manera de iniciar el cambio social. Esta visión ha sido llamada la «teología de la liberación» (H. Segundo). Surgió del Concilio Vaticano II y de los intentos de los teólogos liberales de luchar contra las iniquidades sociales, políticas y económicas; es un cristianismo que no se basa en una visión bíblica del mundo. Gran parte del marco de la teología de la liberación ha sido Latinoamérica, y esta teología se ha convertido en una respuesta a la opresión política de los pobres. Los exponentes, con frecuencia, tienen puntos de vista diferentes; no hay, realmente, una teología de la liberación «unificada». Preferentemente, es un número de «alternativas» relacionadas de cerca, que nacen de raíces comunes. Más que una teología clásica interesada en asuntos teológicos como la naturaleza de Dios, el hombre o el futuro, la teología de la liberación se ocupa de este mundo y de cómo pueden ocurrir cambios a través de la acción de la política. En Latinoamérica, especialmente, los teólogos Católicos Romanos han buscado combinar el cristianismo y el marxismo.
Dios	Dios es activo; siempre toma parte por los pobres y oprimidos, en contra de los opresores, para no obrar igualmente por todos. Los teólogos de la liberación acentúan la inmanencia y descuidan la trascendencia. Él es mutable.
Cristo	Jesús es un Mesías de actuación política. Él es Dios, que entra en lucha por la justicia, del lado de los pobres y oprimidos. Sin embargo, él no fue el salvador en el sentido tradicional de la palabra. En cambio, los teólogos de la liberación apoyan una visión de «influencia moral» de la redención. No se piensa en la satisfacción de la ira divina contra el hombre.
El Espíritu Santo	La neumatología está virtualmente ausente de la teología de la liberación. Parece difícil encontrarle un lugar a la obra del Espíritu Santo, en los sistemas políticos centrados en el hombre.
Revelación	La Biblia no es un libro de verdades y mandamientos eternos, sino de relatos históricos específicos (pero, con frecuencia, no confiable). Sin embargo, muchos textos se usan como apoyo de esta teología, especialmente el del Éxodo. Los teólogos de la liberación usan la «nueva» hermenéutica para defender su opinión. Al construir su teología en un análisis marxista y verla como un medio útil para crear acciones «correctas» (ver Salvación), enfatizan primordialmente la ética que logra los fines del movimiento.
Salvación	La salvación se ve como el cambio social que establece la justicia de los pobres y oprimidos. «El católico que no es un revolucionario está viviendo en pecado mortal» (C. Torres). Cualquier método para ese fin es aceptable, aun la violencia y la revolución. La visión tiende al universalismo, y la evangelización se convierte solamente en un esfuerzo para crear conciencia de preparar a la gente para la acción política.
La iglesia	La iglesia es un medio para cambiar la sociedad: «La actividad pastoral de la iglesia no fluye como consecuencia de premisas teológicas… trata de ser parte del proceso por el cual el mundo es transformado» (G. Gutierrez). La neutralidad política no es una opción para la iglesia.

1. RASGOS DISTINTIVOS (continuación)

	Teología negra
Teología	La teología negra es una forma de teología de la liberación que tiene su centro en el tema de la opresión de los negros por los blancos. Surgió de la «necesidad de las personas de raza negra de definir el alcance y el significado de la raza negra, en una sociedad blanca racista» (Cone). Apareció en las últimas dos décadas, dentro de la ola de movimientos de liberación, como una expresión de concientización negra, y parece referirse a los asuntos con los que los negros deben lidiar diariamente.
Dios	Ignoran ampliamente opiniones confusas y grandemente filosóficas acerca de Dios, y se interesan por los oprimidos. Los conceptos cristianos de los blancos enseñados al hombre de raza negra son, así, ignorados o descuidados. La persona de Dios, la Trinidad, su supremo poder y autoridad, así como «las sutiles sugerencias de la masculinidad blanca de Dios» no están relacionadas con la experiencia negra, y, en algunos casos, son antagónicos a ella. Su perspectiva dominante acerca de Dios es un Dios en acción que, por su justicia, libera a los oprimidos. Su inmanencia es acentuada por sobre su trascendencia, y, como resultado, se le ve fluctuante o siempre cambiante.
Trinidad	No se le da importancia a la Trinidad. Sin embargo, Jesús es Dios, pero en el sentido de la expresión visible de la salvación y el interés de Dios.
Cristo	Él es quien libera, casi exclusivamente, de un modo social. Es un libertador o un «Mesías Negro», cuya obra de emancipación para los pobres y rechazados de la sociedad es el paralelo a la búsqueda de la liberación negra. El mensaje de Cristo es «poder negro» (Henry). Su naturaleza intrínseca y su actividad tienen poca o ninguna atracción. Algunos hasta niegan su obra de sacrificio redentor por los pecados del mundo y de proveedor de vida eterna (Shrine).
Revelación	La teología negra no se ata al liberalismo bíblico, sino que tiene una naturaleza más pragmática. Solo la experiencia de la opresión negra es el patrón autoritativo.
Salvación	La salvación es la libertad de la opresión y pertenece a los negros en esta vida. Los exponentes de la teología negra se interesan, específicamente, en los aspectos políticos y teológicos de la salvación, más que en los espirituales. En otras palabras, la salvación es la liberación física de la opresión blanca, antes que la libertad de la naturaleza pecaminosa y de los actos de cada individuo. Consideran que presentar el cielo como una recompensa por seguir a Cristo es un intento de disuadir a los negros del objetivo de la verdadera liberación de todas las personas.
La iglesia	La iglesia es el foco de la expresión social en la comunidad de negros donde pueden expresar libertad e igualdad (Cone). Así, la iglesia y la política han formado una cohesión, en la que se lleva adelante la expresión teológica de su deseo de libertad social.

2. MODELOS TEOLÓGICOS FEMINISTAS CONTEMPORÁNEOS

	Raíces de la teología feminista	
	El surgimiento de liberación femenina, desde mediados del siglo XX, ha ayudado a crear una conciencia crítica feminista, que, interactuando con la Biblia y las tradiciones teológicas cristianas, ha requerido una nueva investigación de los paradigmas del pasado y un nuevo programa de estudio. Estos «nuevos» proyectos e investigaciones han resultado en los siguientes modelos.	
Modelo	**Exponentes**	**Punto de vista**
Repudiante (Pos-cristiano)		Ve a la Biblia como promotora de una estructura patriarcal opresiva y la rechaza como no autoritativa.
Facción de rechazo	B. Friedan K. Millet G. Steinem	Rechaza todas las tradiciones judeocristianas como desesperadamente orientadas al machismo.
Facción de la restauración	M. Daly N. Goldenberg	Restaura la religión de la hechicería o acepta un misticismo natural, basado, exclusivamente, en la conciencia de la mujer.
Partidarios del Gobierno (Evangélico)		No ve un sexismo opresivo radical en el relato bíblico.
Facción tradicional	J. Hurley, S. Foh, S. Clark, G. Knight, E. Elliot, Concejo de Masculinidad y Feminidad Bíblica.	Busca el orden, a través de roles complementarios. El de la mujer, en el orden creado por Dios, debe ser satisfecho a través de la sujeción voluntaria y de la dependencia en la iglesia y en la familia (y algunas veces, en la sociedad). El modelo divino para el hombre es de un liderazgo amante. Esto no disminuye la verdadera libertad y dignidad de la mujer.
Facción igualitaria	C. Kroeger, A. Spencer, G. Bilizikian Cristianos por la Igualdad Bíblica.	La Biblia llama a la sumisión mutua, en la que ni el hombre ni la mujer son relegados a ningún rol particular en el hogar, la iglesia o la sociedad, basados solamente en el sexo.
Reformista		Ven en la Biblia y en la historia cristiana un chauvinismo patriarcal y desean vencerlo. Su compromiso con la liberación como el mensaje central de la Biblia no les permite desechar la tradición cristiana.
Facción moderada	L. Scanzoni V. Mollenckott M.S. Van Leeuwen	A través de la exégesis, tratan de traer a la luz el papel positivo de la mujer en la Biblia. Algunos reformistas moderados buscan una hermenéutica «utilizable» o liberación en la tradición profética. En los textos que no tratan específicamente de las mujeres, encuentran un llamado para crear una sociedad justa, libre de cualquier clase de opresión social, económica o sexista.
Facción radical	E. Schüssler E. Stanton	Requiere una «hermenéutica de sospecha» muy feminista. Comienza con el reconocimiento de que la Biblia ha sido escrita, traducida, canonizada e interpretada por hombres. El canon de fe se ha transformado en uno centrado en el hombre. Las mujeres, a través de una reconstrucción teológica y exegética, deben entrar nuevamente en el escenario central que ocupaban en la historia cristiana primitiva.

3. GUÍA PARA LA INTERPRETACIÓN DE TEXTOS BÍBLICOS

	Descriptiva ¿Qué significa?	Racional ¿Por qué se dijo esto aquí?	Implicación ¿Qué sentido tiene?
Palabras	¿Qué significa la palabra? ¿Cómo funciona en esta oración? ¿Qué palabras clave necesitan estudio?	¿Por qué se usa esta palabra? (generalmente) ¿Por qué se usa esta palabra? (específicamente) ¿Por qué es esta una palabra clave en el pasaje?	¿Cuáles son las verdades principales que enseña el pasaje? ¿Qué implican estas verdades acerca de cómo Dios actúa o cómo quiere que actúen los creyentes?
Estructura	¿Qué clase de oración es esta? ¿Qué leyes de estructura utiliza? Contraste causaefecto Comparación, adición/explicación Repetición, pregunta/respuesta Proporción general/específica. Clímax, intercambio/inversión ¿Cuáles son las conjunciones más importantes?	¿Por qué fue usada esta clase de oración? ¿Cuáles son las causas, efectos o propósitos reflejados en las proposiciones? ¿Por qué se usa este orden de palabras, frases y proposiciones? ¿Por qué las relaciones establecidas son así?	¿Cuáles son las verdades constantes enseñadas en las oraciones principales? ¿Qué motivaciones o promesas importantes revelan las proposiciones subordinadas? ¿Qué ideas principales enfatizan el orden de las palabras o de las frases? ¿Qué limitaciones encuentro?
Forma literaria	¿Qué forma literaria se usa? ¿Cuáles son sus características? ¿Cómo esta forma literaria transmite el significado del autor? ¿Es el lenguaje literal o figurado?	¿Por qué se usa esta forma literaria? ¿Por qué se usan las figuras de esta manera?	¿Cuál es el significado de esta forma literaria, en relación a la verdad transmitida? ¿Qué luz brindan las figuras del lenguaje acerca de la verdad?
Atmósfera	¿Qué aspectos del pasaje revelan la atmósfera? ¿Qué palabras emocionales se usan? ¿Cómo se desarrolla la actitud del autor en el texto y en los lectores?	¿Por qué esta atmósfera domina este pasaje, en particular? ¿Por qué ella es esencial para una presentación eficaz del pasaje?	¿Cuál es la implicancia de la atmósfera para el razonamiento del pasaje? ¿Es el tenor del pasaje mayormente de ánimo o de reprensión?

4. UNA COMPARACIÓN DE LA TEOLOGÍA DEL PACTO Y EL DISPENSACIONALISMO

Punto de vista	Teología del pacto	Dispensacionalismo
Descripción	Esta teología se centra en un pacto principal total, conocido como el pacto de gracia. Algunos lo han llamado el pacto de la redención. Por muchos esto es definido como un pacto eterno entre los miembros de la Deidad, incluyendo los siguientes elementos: (1) El Padre eligió un pueblo para que fuera suyo. (2) El Hijo fue designado, con su consentimiento, para pagar la pena del pecado de su pueblo. (3) El Espíritu Santo fue designado, con su consentimiento, para aplicar la obra del Hijo al pueblo elegido. Este pacto de gracia está siendo llevado a cabo en la tierra, en la historia, a través de pactos subordinados, comenzando con el de las obras y terminando en el nuevo pacto, que completa y ejecuta la obra de la gracia de Dios para con el hombre en la tierra. Estos pactos incluyen el Adámico, el pacto con Noé, el Mosaico, el Davídico y el nuevo pacto. El pacto de la gracia, también, se usa para explicar la unidad de la redención a través de las edades, comenzando con la caída, cuando terminó el pacto de las obras. La teología del pacto no ve cada pacto como separado y distinto. En cambio, cada uno se basa en los anteriores, incluye aspectos de los precedentes y culmina en el nuevo pacto.	La teología dispensacionalista mira al mundo y a la historia de la humanidad como una casa, en la cual Dios vigila la obra de su propósito y voluntad. Ella puede verse por medio de varios períodos o etapas de diferentes economías, a través de la cuales Dios trata con su obra y con el hombre, en particular. Estas etapas varias o economías son llamadas dispensaciones. Su número puede incluir hasta siete: inocencia, conciencia, gobierno humano, promesa, ley, gracias y reino.
El pueblo de Dios	Dios tiene un pueblo, representado por santos de la era del Antiguo Testamento y santos de la era del Nuevo Testamento.	Dios tiene dos pueblos: Israel y la iglesia. Israel es un pueblo terrenal, y la iglesia su pueblo celestial.
El plan de Dios para su pueblo	Dios tiene un pueblo, la iglesia, para la cual tiene un plan en todas las edades, desde Adán: llamar a su pueblo a un cuerpo, tanto en la edad del Antiguo Testamento como del Nuevo Testamento.	Dios tiene dos pueblos separados, Israel y la iglesia, y también tiene dos planes distintos para estos dos pueblos diferentes. Él planea un reino terrenal para Israel. Este reino ha sido pospuesto hasta la venida de Cristo en poder, ya que Israel lo rechazó en la primera venida de Cristo. Durante la edad de la iglesia, Dios está llamando a un pueblo celestial. Los dispensacionalistas no están de acuerdo acerca de si los dos pueblos seguirán siendo distintos en el estado eterno.
El plan de Dios para la salvación	Dios tiene un plan de salvación para su pueblo, desde el tiempo de Adán. Es un plan de gracia, obra del pacto de gracia eterno, y viene por la fe en Jesucristo.	Dios tiene un solo plan de salvación, a pesar de que esto ha sido frecuentemente mal entendido, por inexactitud en algunos escritos dispensacionalistas. Algunos han enseñado o entendido, erróneamente, que los creyentes del Antiguo Testamento eran salvos por obras o sacrificios. Sin embargo, muchos han creído que la salvación ha sido siempre por gracia, a través de la fe, pero que la sustancia de la fe puede variar hasta la completa revelación de Dios en Cristo.

4. TEOLOGÍA DEL PACTO/DISPENSACIONALISMO (continuación)

Punto de vista	Teología del pacto	Dispensacionalismo
El lugar de destino eterno para el pueblo de Dios	Dios tiene un solo lugar para su único pueblo, y un plan de salvación: él estará en su presencia por la eternidad.	Hay desacuerdo entre los dispensacionalistas acerca del estado eterno de Israel y la iglesia. Muchos dicen que la iglesia se sentará con Cristo en la Nueva Jerusalén, durante el milenio, mientras que él gobierne a las naciones, en tanto que Israel será la cabeza de las naciones en la tierra.
El nacimiento de la iglesia	La iglesia existía desde antes de la era del Nuevo Testamento, incluyendo a todos los redimidos desde Adán. Pentecostés no fue el inicio de iglesia, sino el comienzo de la manifestación neotestamentaria del pueblo de Dios.	La iglesia nació el día de Pentecostés y no existió, en la historia, hasta ese momento. Los santos del Antiguo Testamento no forman parte del cuerpo de Cristo, que es la iglesia, la cual no se encuentra en aquel.
El Propósito de la primera venida de Cristo	Cristo vino para morir por nuestros pecados y para establecer al nuevo Israel, la manifestación de la iglesia del Nuevo Testamento. Esta continuación del plan de Dios puso a la iglesia bajo un nuevo y mejor pacto, que fue una manifestación del mismo Pacto de Gracia. El reino que Cristo ofreció fue el reino presente, espiritual e invisible. Algunos teólogos del pacto (especialmente postmilenialistas) también ven un aspecto físico del reino.	Cristo vino para establecer el reino mesiánico. Algunos dispensacionalistas creen que este sería un reino terrenal que cumpliría las promesas del Antiguo Testamento a Israel. Si los judíos hubiesen aceptado el ofrecimiento de Jesús, este reino terrenal hubiese sido establecido inmediatamente. Otros dispensacionalistas creen que Cristo, sí, estableció el reino mesiánico, de alguna forma en la que la iglesia participa, pero que el reino terrenal espera por la Segunda Venida de Cristo a la tierra. Cristo siempre tuvo el propósito de la cruz, antes de la corona.
El problema del amilenialismo postmilenialismo frente al premilenialismo	La teología del pacto ha sido históricamente amilenialista, creyendo que el reino es presente y espiritual; o postmilenial, creyendo que el reino está siendo establecido en la tierra con la venida de Cristo como su culminación. En años recientes varios teólogos del pacto han sido premileniales, creyendo que habrá una manifestación futura del reino de Dios en la tierra. Sin embargo, el trato de Dios, con Israel, estará en conexión con la iglesia. Los postmilenialistas creen que la iglesia está introduciendo el reino ahora, y que Israel, finalmente, será hecho parte de ella.	Todos los dispensacionalistas son premilenialistas, aunque no, necesariamente, pretribulacionistas. Los premilenialistas de este tipo creen que Dios tratará con la nación de Israel, nuevamente, aparte de su obra con la iglesia, y que habrá un período de mil años de reino de Cristo sobre el trono de David, en cumplimiento de las profecías del Antiguo Testamento.
La Segunda Venida de Cristo	La venida de Cristo será para traer el juicio final y el estado eterno. Aquellos que son premileniales afirman que un período milenial precederá al juicio y al estado eterno. Los postmilenialistas creen que el reino está siendo establecido por la obra del pueblo de Dios en la tierra, hasta el tiempo en que Cristo la complete, con su venida.	El rapto ocurrirá primero, de acuerdo con la mayoría; luego, un período de tribulación, seguido por el reino de Cristo de mil años, después del cual habrá juicio y el estado eterno.

Este cuadro representa puntos de vista tradicionales y está mayormente basado en el estudio de Richard P. Belchar, *A Comparison of Dispensationalism and Covenant* Theology [Una comparación del dispensacionalismo y la teología del pacto], Richbarry Press, Columbia, SC, 1986.

5. ESQUEMAS DISPENSACIONALES REPRESENTATIVOS

J.N. Darby 1800 1882	J.H. Brookes 1830-1897	James M. Gray 1851 1935	C.I. Scofield 1843 1921
Estado paradisíaco (hasta el diluvio)	Edén	Edénico	Inocencia
	Antediluvianos	Antediluvianos	Conciencia
Noé			Gobierno humano
Abraham	Patriarcal	Patriarcal	Promesa
Israel... Bajo la ley / Bajo el sacerdocio / Bajo reyes	Mosaico	Mosaico	Ley
Los gentiles	Mesiánico	Iglesia	Gracia
Espíritu	Espíritu Santo		
Milenio	Milenial	Milenial	Reino
		Plenitud de los tiempos	
		Eterna	

Adaptado de Charles C. Ryrie., *Dispensacionalismo hoy*, Editorial Portavoz, Grand Rapids, MI, 1992 (p.84 del original en inglés). (Usado con permiso)

6. MODELOS DE REVELACIÓN

Modelo	Adherentes	Definición de revelación	Propósito de la revelación
La revelación como doctrina *	Padres patrísticos Iglesia medieval Reformadores B.B. Warfield Francis Schaeffer Concejo Internacional de la Inerrancia Bíblica	La revelación es divinamente autoritativa y es transmitida objetiva y posicionalmente, a través del medio exclusivo (palabras) de la Biblia**. Sus proposiciones generalmente asumen el carácter de doctrina.	Producir fe salvadora a través de la aceptación de la verdad, como es revelada finalmente en Jesucristo.
La revelación como histórica	William Temple G. Ernest Wright Oscar Cullman Wolfhart Pannenberg	La revelación es la demostración de la disposición y capacidad salvadora de Dios, como testifican sus grandes obras en la historia humana.	Infundir esperanza y fe en el Dios de la historia.
La revelación como experiencia interna	Friedrich Schleiermarcher D.W.R. Inge C.H. Dodd Karl Rahner	La revelación es la auto-declaración de Dios, a través de su presencia interna en las profundidades del espíritu y de la psiquis humana.	Impartir una experiencia de unión con Dios que se iguala a la inmortalidad.
La revelación como presencia dialéctica	Karl Barth Emil Brunner John Baillie	La revelación es el mensaje de Dios a aquellos a quienes él enfrenta con su Palabra, en la Biblia y con Cristo en la proclamación del cristianismo.	Generar fe, como la meta apropiada y la reveladora consumación de uno mismo.
La revelación como nueva conciencia	Teilhard de Chardin M. Blondel Gregory Baum Leslie Dewart Ray L. Hart Paul Tillich	La revelación es la llegada de uno a un más alto nivel de conciencia, mientras es atraído a una porción más fructífera de la creatividad divina.	Llegar a la reestructuración de la percepción y de la experiencia, y a una auto-transformación concomitante.

*El modelo doctrinal reconoce la «revelación natural» (aquella que puede ser percibida de Dios, a través de la razón u observando la creación), además de la revelación bíblica especial. Sin embargo, se considera a aquella de menor importancia, ya que no es salvífica (solamente «remuerde» a la conciencia). Este modelo considera que los milagros o señales apostólicos son confirmaciones de la revelación.

**Los teólogos Católicos Romanos que adhieren a este modelo agregan a esta definición la frase «o por la enseñanza oficial de la iglesia».

6. MODELOS DE REVELACIÓN (continuación)

Modelo	Visión general de la Biblia	Relación con la historia	Medio de comprensión humana
La revelación como doctrina	La Biblia es la Palabra de Dios (tanto en forma como en contenido).	La revelación es *trans-histórica*. (Es distinta y determinante en relación a su continuidad con la historia).	Iluminación (por el Espíritu Santo)
La revelación como histórica	La Biblia es un *evento*. Es conjuntiva con la auto-revelación de Dios como se percibe indirectamente a través de toda su actividad en la historia.	La revelación es *contra-histórica* (la Biblia revela la historia dentro de la historia).	Razón
La revelación como experiencia interna	La Biblia *contiene* la Palabra de Dios (entremezclada con los elementos humanos de error y mito: la Biblia es una «cáscara» alrededor de la «semilla» de la verdad). Esta verdad puede ser comprendida (experimentada) solo por la iluminación personal.	La revelación es *psico-histórica* (se relaciona con la historia como una imagen mental de la continuidad humana).	Intuición
La revelación como presencia dialéctica	La Biblia se *convierte* en la Palabra de Dios para nosotros (la revelación no es estática, sino dinámica, y tiene que ver con la contingencia de la respuesta humana) al ser comisionada por el Espíritu Santo.	La revelación es *supra-histórica* (la Biblia revela «la historia más allá de la historia»).	Razón «transaccional» (la interacción con la fe intrínseca a la revelación)
La revelación como nueva conciencia	La Biblia es un paradigma, un mediador a través del cual se puede obtener la auto-transformación y la trascendencia (pero la Biblia es solo un esfuerzo humano, que utiliza lenguaje humano «con fallas», para este objetivo).	La revelación es *ahistórica* (la historia es presentada prácticamente como irrelevante, ya que es mostrada a las interpretaciones progresivas de la trascendencia personal).	Meditación racional/mística

6. MODELOS DE REVELACIÓN (continuación)

Modelo	Hermenéutica básica	Fortalezas supuestas	Debilidades supuestas
La revelación como doctrina	Inducción (objetiva)	Deriva del mismo testimonio de la Biblia sobre sí misma. Es la visión tradicional de los padres patrísticos hasta el presente. Es distintiva la virtud de su coherencia interna. Provee la base de la teología consistente.	La Biblia no declara su propia infalibilidad proposicional. Los exégetas primitivos y medievales estaban sujetos a interpretaciones alegóricas / espirituales. La variedad de los términos literarios y convenciones disputa contra este modelo. La ciencia moderna refuta el literalismo bíblico y las otras nociones relacionadas con este modelo. Su hermenéutica ignora el poder indicativo del contexto bíblico.
La revelación como histórica	Deducción (objetiva/subjetiva)	Deriva del mismo testimonio de la Biblia sobre sí misma. Es la visión tradicional de los padres patrísticos hasta el presente. Es distintiva la virtud de su coherencia interna. Provee la base de la teología consistente.	Relega la Biblia a un nivel de «fenómeno». Está virtualmente desprovista de base teológica. A pesar de su credibilidad aparente, no fomenta el diálogo ecuménico.
La revelación como experiencia interna	Eclecticismo (subjetivo)	Ofrece una defensa contra una crítica racionalista de la Biblia. Promueve la vida devocional. Su flexibilidad alienta el diálogo interreligioso.	Es muy exigente con la Biblia. Sustituye el elitismo natural con el concepto bíblico de la elección. Separa la revelación de la doctrina, a través de su énfasis en la experiencia. Su orientación experimental también pone en riesgo la introspección excesiva por parte del devocionalista.
La revelación como presencia dialéctica	Inducción (subjetivo)	Busca fundamentarse en una base bíblica. Evidencia un enfoque Cristológico claro, pero no, ortodoxo. Su énfasis en la paradoja quita muchas objeciones en relación a lo poco plausible del mensaje cristiano. Ofrece la posibilidad de un encuentro con un Dios trascendente.	A pesar de su base bíblica, carece de coherencia interna. Su lenguaje paradójico es confuso. Su incomprensibilidad en cuanto a relacionar al Cristo de la fe con el Jesús histórico debilita su validez.
La revelación como nueva conciencia	Ultra-eclecticismo (Extremadamente subjetivo)	Escapa a la inflexibilidad y al autoritarismo. Respeta el rol activo de la persona en el proceso de revelación. Armoniza con el pensamiento evolucionista o transformacionista. Su filosofía satisface la necesidad de la utilidad de lo mundano.	Es violenta hacia la Escritura, a través de sus interpretaciones no ortodoxas. Es un neo-gnosticismo que es inadecuado para la experiencia cristiana significativa. En su totalidad, niega el valor objetivo/cognitivo de la Biblia.

7. OPINIONES SOBRE LA REVELACIÓN GENERAL

Definición	La revelación general es la comunicación de Dios acerca de sí mismo a todas las personas, en todos los tiempos y lugares. Se refiere a la propia manifestación de Dios a través de la naturaleza, la historia y el ser interno (conciencia) de la persona humana.
Tomás de Aquino	Aquino es un defensor de la teología natural, que dice que un verdadero conocimiento de Dios se puede obtener de las esferas de la naturaleza, la historia y la personalidad humana, además de la Biblia. Toda la verdad pertenece a dos reinos. El reino inferior es el reino de la naturaleza, y es conocido por la razón; el superior es el reino de la gracia, y es aceptado como autoridad por la fe. Aquino sostenía que él podía mostrar, por la razón, la existencia de Dios y la inmortalidad del alma.
Teología Católico Romana	La revelación general provee una base para la construcción de la teología natural. La teología católico romana tiene dos niveles. Nivel uno. La teología natural se compone de bloques de revelación general, puestos en su lugar por la razón. Esto incluye pruebas de la existencia de Dios y de la inmortalidad del alma. No es suficiente para un conocimiento salvífico de Dios. Muchos no llegan a este nivel por la razón, sino por la fe. Nivel dos: Una teología revelada se compone de bloques de revelación especial, puestos en su lugar por la fe. Esto incluye la revelación sustitutoria, la Trinidad, etc. En este nivel, una persona obtiene salvación.
Juan Calvino	Dios ha dado una revelación objetiva, válida y racional de sí mismo en la naturaleza, la historia y la personalidad humana. Ésta puede ser observada por cualquiera. Calvino toma su conclusión de Salmo 19:1-2 y Romanos 1:19-20. El pecado ha dañado el testimonio de la revelación general, y el testimonio de Dios está borroso. Se necesitan los anteojos de la fe. Cuando uno es expuesto a la revelación especial y regenerado por ella, puede ver claramente lo que hay en la revelación general. Pero lo que uno ve ha estado siempre allí, real y objetivamente. Uno podría encontrar una teología natural en Romanos 1:20, pero Pablo continúa, para mostrar que el hombre caído emplea la sustitución y la supresión de la verdad. Aun la mención de la naturaleza, en el Salmo 19, fue hecha por un hombre piadoso que la veía a través de la perspectiva de una revelación especial.
Karl Barth	Barth rechaza la teología natural y la revelación general. La revelación es del todo redentora. Conocer a Dios y tener información presente acerca de él es estar relacionado con él en una experiencia salvífica. Los seres humanos no pueden conocer a Dios, aparte de la revelación en Cristo. Si no fuera así, el hombre habría contribuido, en alguna pequeña medida, a su salvación. Además de la Encarnación, no hay otra revelación. Romanos 1:18-32 indica que la gente encuentra a Dios en el cosmos, pero solamente porque ya lo conoce por la revelación especial comunicada por el Espíritu Santo, cuando uno lee la Palabra de Dios. La Biblia es solo un registro de revelación, un puntero autoritativo hacia ella.
Pasajes de la Escritura	El Salmo 19 puede ser interpretado para significar que no hay lenguaje ni palabras, cuya voz no sea oída. Los versos 7 al 14 muestran cómo la ley va más allá de la revelación en el cosmos. Romanos 1:18-32 enfatiza la revelación general en la personalidad humana. Pablo insiste, en 1:18, en que las personas tienen la verdad, pero la suprimen por su injusticia. Los malos no tienen excusa porque Dios les ha mostrado, a través de la creación, lo que puede conocerse acerca de él. Romanos 2 manifiesta que el judío falla en cumplir lo que requiere la ley, y que el gentil también sabe lo suficiente, como para ser responsable delante de Dios. Hechos 14:15-17 señala que las personas deben volverse al Dios vivo, que hizo el cielo y la tierra. A pesar de que Dios permitió a las naciones seguir sus propios caminos, dejó un testigo en la historia y en la naturaleza. Hechos 17:22-31 registra la proclamación de Pablo acerca del Dios no conocido de los atenienses como el mismo Dios al que él conocía por la revelación especial. Ellos habían percibido a ese Dios no conocido, sin una revelación especial. El verso 28 admite que aun un poeta pagano, sin revelación especial, había llegado a la verdad espiritual, aunque no, a la salvación.

8. LOS MODOS DE LA REVELACIÓN ESPECIAL

Acontecimientos milagrosos:

Dios obra en el mundo, histórica y concretamente, afectando lo que ocurre.

Ejemplos:

El llamado de Abram (Gn 12).

El nacimiento de Isaac (Gn 21).

La pascua (Ex 12).

El cruce del Mar Rojo (Ex 14).

Discurso divino:

La revelación de Dios, a través del lenguaje humano.

Ejemplos:

Voz audible (Dios hablando a Adán en el jardín, Gn 2:16; y a Samuel en el templo, 1 S 3:4)

El oficio profético (Dt 18:15-18)

Sueños (Daniel, José)

Visiones (Ezequiel; Zacarías; Juan, en Apocalipsis)

La Escritura (2 Ti 3:16)

Manifestaciones visibles:

Dios se manifiesta a sí mismo en forma visible.

Ejemplos:

Teofanías del Antiguo Testamento, antes de la encarnación de Jesucristo
(usualmente, descripto como el ángel de Jehová:
Gn 16:7-14; o como un hombre, como con Jacob, Gn 32).

La gloria Shekinah (Éx 3:2-4; 24:15-18; 40:34-35).
Jesucristo es la única manifestación de Dios como un humano real, con todos los procesos y experiencias humanas, como nacimiento, dolor y muerte (Jn 1:14; 14:9; Heb 1:1-2).

9. TEORÍA SOBRE LA INSPIRACIÓN

Teorías sobre la inspiración	Exposición de la teoría	Objeciones a la teoría
Mecánica O dictada	El autor bíblico es un instrumento pasivo en la transmisión de la revelación de Dios. La personalidad del autor es puesta aparte para preservar al texto de aspectos humanos falibles.	Si Dios hubiera dictado la Escritura, el estilo, vocabulario y la escritura serían uniformes. Pero la Biblia indica diversas personalidades y formas de expresión en sus escritos.
Parcial	La inspiración solamente se ocupa de las doctrinas de la Escritura, que eran imposibles de conocer por los autores humanos. Dios proveyó las ideas generales y las tendencias de la revelación, pero dio al autor humano libertad en la manera de expresarla.	No es posible inspirar ideas generales de forma infalible, sin inspirar, también, palabras de la Escritura. El modo de dar las palabras de revelación a los profetas y el grado de conformidad con las verdaderas palabras de la escritura, en Jesús y en los escritos apostólicos, indica la inspiración de todo el texto bíblico, aun de las palabras.
Grados de inspiración	Ciertas porciones de la Biblia son más inspiradas o diferentemente inspiradas que otras. Estas opiniones permiten errores de varios tipos, en la Escritura.	No se encuentra en el texto ninguna sugerencia de grados de inspiración (2 Ti 3:16). La Escritura completa es incorruptible y no puede errar (Jn 10:35; 1 P 1:23).
De la intuición O natural	Individuos dotados con un discernimiento excepcional fueron elegidos por Dios para escribir la Biblia. La inspiración es como una habilidad artística o como una dote natural.	Esta teoría no hace a la Biblia realmente diferente de otra literatura filosófica o religiosa inspirante. El texto bíblico representa la Escritura viniendo de Dios a través del hombre (2 P 1:20-21
De la iluminación o mística	Dios les permitió a los autores humanos escribir las Escrituras. El Espíritu Santo intensificó sus poderes normales.	La indicación de la enseñanza bíblica vino a través de una comunicación divina especial, no, a través de las capacidades intensificadas de los hombres. Los autores humanos expresan las mismas palabras de Dios, no solamente sus propias palabras.
Verbal, plenaria	Tanto los elementos humanos como divinos están presentes en la producción de la Escritura. El texto de la Escritura, incluyendo las mismas palabras, es el producto de la mente de Dios, expresada en términos y condiciones humanas.	Si cada palabra de la Escritura fuera una palabra de Dios, entonces no estaría el elemento humano que se observa en la Biblia.

10. TEORÍAS EVANGÉLICAS SOBRE LA INERRANCIA

Posición	Exponente	Exposición de la teoría
Inerrancia completa	Harold Lindsell Roger Nicole Millard Erickson	La Biblia es completamente verdadera en todo lo que enseña o afirma. Esto se extiende tanto a las áreas de la historia como de la ciencia. No sostiene que la Biblia tiene un propósito primario de presentar información exacta acerca de la historia y la ciencia. Por ello, se reconoce el uso de expresiones populares, aproximaciones y lenguaje extraordinario, y se cree que éste satisface el requisito de la verdad. Las discrepancias aparentes, entonces, pueden y deben ser armonizadas.
Inerrancia limitada	Daniel Fuller Stephen Davis William LaSor	La Biblia es inerrante solo en sus enseñanzas doctrinales salvíficas. No fue hecha para enseñar ciencia o historia, ni tampoco Dios reveló a los escritores asuntos referentes a ellas. En estas áreas, la Biblia refleja la interpretación de su cultura y podría entonces contener errores.
Inerrancia de propósito	Jack Rogers James Orr	La Biblia no tiene errores en lograr su propósito primario de traer a las personas a la comunión personal con Cristo. Las Escrituras, sin embargo, son verdaderas (inerrantes) solo en que cumplen su propósito primario, no, por ser reales o exactas en lo que aseveran. (Esta opinión es similar a la postura de la Irrelevancia de la inerrancia).
La irrelevancia de la inerrancia	David Hubbard	La inerrancia es esencialmente irrelevante por una variedad de razones: (1) la inerrancia es un concepto negativo. Nuestra visión de la Escritura debe ser positiva. (2) La inerrancia es un concepto no bíblico. (3) El error en las Escrituras es un asunto de moral o espiritual, no, intelectual. (4) La inerrancia enfoca nuestra atención en nimiedades y, no, en los intereses principales de la Escritura. (5) La inerrancia impide una evaluación correcta de las Escrituras. (6) La inerrancia crea desunión en la iglesia. (Esta postura es similar a la Teoría de Inerrancia de propósito).

11. ENFOQUES PARA TRATAR LAS DISCREPANCIAS EN LA ESCRITURA

Estrategia/Exponente	Explicación
El enfoque abstracto B.B. Warfield	Aquellos que sugieren este enfoque saben que hay dificultades en la Escritura, pero tienden a creer que no tienen que ser todas explicadas, pues el peso de la evidencia a favor de la inspiración y, consecuentemente, de la inerrancia de la Biblia es tan grande que ninguna clase de dificultad la derribaría. Tienden a apoyar su argumento, primariamente, en la consideración doctrinal de la inspiración de la Biblia.
El enfoque armonístico Edward J. Young Louis Gaussen	Los exponentes de este enfoque sostienen que la creencia en la inerrancia está basada en la enseñanza doctrinal de la inspiración. Aseveran que las dificultades presentadas pueden ser resueltas, e intentan hacerlo, en ocasiones, usando conjeturas.
El enfoque armonístico moderado Everett Harrison	Este enfoque sigue, hasta cierto punto, el estilo del armonístico. Toma los problemas seriamente y hace un esfuerzo para resolverlos o remediar las dificultades, mientras se pueda, con la información disponible. Los intentos no se hacen en forma prematura.
El enfoque errante de la fuente Edward J. Carnell	La inspiración garantiza solo una reproducción exacta de las fuentes que el escritor bíblico empleó; pero, no, una corrección de ellas. Así, si la fuente contenía una referencia equivocada, el escritor bíblico registró ese error tal como estaba en aquella. Por ejemplo, quien escribió Crónicas podría haber estado confiando en una fuente falible y errónea, al confeccionar su lista de números de carros y jinetes.
El enfoque de error bíblico Dewey Beegle	La Biblia contiene errores, problemas reales y y sin solución. Deben ser aceptados, en lugar de disculpados con explicaciones. La naturaleza de la inspiración debe ser inferida de lo que la Biblia ha producido. Sea lo que fuere la inspiración, ella no es verbal. No puede considerarse que se extienda a cada elección de palabras en el texto. Así, no es posible o necesario tratar todas las discrepancias.

*Estos son solamente nombres elegidos para distinguir las teorías. Ni Carnell ni Beegle llamaron a sus opiniones con los nombres dados aquí.
El cuadro está adaptado de Gleason L. Archer, *Alleged Errors and Discrepancies in the Original Manuscripts of the Bible* [Errores y discrepancias en los manuscritos originales de la Biblia] en Norman L. Geisler ed., *Inerrancy* [La Inerrancia], Zondervan, Grand Rapids, MI, 1979, págs.57-82 y Millard J. Erickson, *Christian Theology* [Teología cristiana], Baker, Grand Rapids, 1983, 1984, 1985, págs.230-232. Ambos libros usados con permiso.

12. RESPUESTAS A DISCREPANCIAS EN LA ESCRITURA

El siguiente cuadro refleja una suma de las respuestas dadas por Gleason L. Archer a supuestos errores y discrepancias en la Escritura, expuestos por William LaSor y Dewey Beegle*. Estas son consideradas las más difíciles de muchas discrepancias supuestas por críticos, contra los manuscritos originales de la Biblia. LaSor expuso diez objeciones, de las cuales solo seis se ven en este cuadro, porque dos son contestadas con una sola respuesta; una fue apartada, y dos de sus objeciones fueron igualadas a nivel del razonamiento de otra persona, más que a la Escritura en sí misma. Beegle expuso once objeciones. Archer solo nombró diez de ellas ya que la undécima era la repetición de un área tratada por Lasor. En cuanto a las exposiciones, la intención obvia de este cuadro es simplemente identificar las áreas de interés y, no, proveer un resumen completo de ellas, lo que puede obtenerse refiriéndose a las fuentes del cuadro.

Error o supuesta discrepancia	Explicación
Discrepancias numéricas en los libros históricos. 2 Samuel 10:18 - 1 Crónicas 19:18 2 Crónicas 36:9 - 2 Reyes 24:8 1 Reyes 4:26 - 2 Crónicas 9:25 1 Crónicas 11:11 - 2 Samuel 23:8 LaSor	No hay prueba de que esta discrepancia exista en los manuscritos originales. Era, probablemente, difícil comprender los números, al copiar de manuscritos anteriores desgastados. Los sistemas antiguos de notación numeral eran susceptibles de errores. Por ej., el agregado y la supresión de ceros.
Genealogías de Cristo Mateo 1 - Lucas 3 LaSor	Era considerado por los padres de la Iglesia que Mateo da la la línea de José, el padre legal de Jesús, mientras que Lucas da la el linaje de María, su madre. Esta interpretación se remonta al quinto siglo de la era cristiana, si no antes.
Ubicación de la tumba de José Hechos 7:16 - Josué 24:32 LaSor y Beegle	El caso paralelo de Isaac, que confirmó a Abimelec su derecho a la tierra donde estaba el pozo de Beerseba (Gn 26:26-33). La tierra había sido comprada anteriormente por Abraham (21:22-31). Debido a los hábitos nómadas de Abraham, Isaac tuvo que reestablecer sus derechos sobre el pozo. La situación fue, probablemente, similar, al comprar Jacob el campo para sepultura, cerca de Siquem (Gn 33:18-20). Aunque no hay ninguna mención, en Génesis, de que Abraham comprara la tierra, Esteban probablemente sabía de esto por tradición oral; Y es significativo que Siquem era la región en la que Abraham había construido su primer altar, luego de emigrar a la tierra santa.

El cuadro está adaptado de Gleason L. Archer, *Alleged Errors and Discrepancies in the Original Manuscripts of the Bible* [Errores y discrepancias en los manuscritos originales de la Biblia], de Norman L. Geisler, *Inerrancy* [Inerrancia], Zondervan, Grand Rapids, MI, 1979, págs.57-82 y Millard J. Erickson, *Christian Theology* [Teología cristiana], Baker, Grand Rapids, 1983, 1984, 1985, págs.230-232. Ambos libros usados con permiso.

12. RESPUESTAS A DISCREPANCIAS EN LA ESCRITURA (continuación)

El número de ángeles en la tumba de Jesús
Mateo 28:25; Marcos 16:5; Lucas 24:4;
Juan 20:12
LaSor

Una comparación de los relatos muestra que participaron dos ángeles; aunque el que realizó el milagro del terremoto, removió la piedra, asustó a los guardias y habló a las tres mujeres que llegaron primero, fue, probablemente, el más prominente de los dos y guió a Mateo y a Marcos a referirse a él, específicamente. Hay ejemplos semejantes en los evangelios, acerca de demonios (Mt 8:28 Mr 5:2; Lc 8:27) y hombres ciegos (Mt 20:30 vs Mr 10:46; Lc 18:35), donde la preeminencia de un ser, en cada situación, guió a algunos autores a registrar la presencia solo de él cuando realmente, había dos. «Uno» es distinto de «uno y solo uno».

La fuente de la referencia al campo del alfarero
Mateo 27:9
LaSor

Aunque Mateo cita parcialmente Zacarías 11:13, el punto principal del pasaje de Mateo (27:6-9) se refiere al campo del alfarero, que no está mencionado en Zacarías, sino en Jeremías (19:2, 11; 32:9). Era la práctica general de los escritores del Nuevo Testamento, que al tomar juntas citas de los escritores del Antiguo -como hace aquí Mateo- se refiriesen solo a aquel que era el más famoso. Así, Mateo atribuyó la cita a Jeremías. Esto se puede comparar con Marcos 1:2-3, donde una cita compuesta de Malaquías 3:1 e Isaías 40:3 se atribuye solo a Isaías.

Fechado del éxodo
Éxodo 1:111 Reyes 6:1
LaSor

Jueces 11:26 y Hechos 13:19 sostienen el punto de 1 Reyes 6:1, que el éxodo ocurrió cerca del 1446 a.C. La evidencia bíblica y arqueológica muestra que Éxodo 1:11 no es una prueba suficiente para datar el éxodo en el 1290 a.C. Para la explicación de Archer acerca de esto, ver págs. 64-65.

La referencia de Judas acerca de Enoc
Judas 14
Beegle

Archer refiere que no hay razón para que las obras pseudo epigráficas escritas en el período intertestamentario, por ej. El libro de Enoc, que Judas 14 cita, no pueda incluir algunos hechos o información, históricamente exactos. Archer sostiene que la profecía de Enoc fue preservada, igual que el diálogo de Adán y Eva, para que Moisés lo registrara miles de años más tarde.

La referencia de Judas a Miguel y Satanás
Judas 9
Beegle

La hipótesis implícita de Beegle de que Judas no tenía otras fuentes válidas de información, sino solo el texto hebreo del Antiguo Testamento -que no registra este incidente- es errónea, ya que el escrito de Judas fue inspirado por el Espíritu Santo. Las acciones o declaraciones a las que la Santa Escritura se refiere no deben aparecer más de una vez en la Biblia para ser creídas. Beegle sostiene que Juan 3:16 es auténtico y confiable, a pesar de que aparece una sola vez en la Biblia.

12. RESPUESTAS A DISCREPANCIAS EN LA ESCRITURA (continuación)

Duración del reino de Pecaj
2 Reyes 15:27
Beegle

Aunque Pecaj fue confinado a Galaad por los primeros doce años de su reinado, él fue el único rey legítimo de Israel, del 752 al 732 a.C. Los reinados de Manajem y su hijo Pecarías, del 752 al 740 a.C. fueron usurpaciones. Aún confinado a Gallad, Pecaj reclamó el trono de Israel y consideró a Samaria como su capital legítima. Hay casos paralelos con David, de quien se dice, en 1 Reyes 2:11, que reinó sobre Israel por cuarenta años, aunque su autoridad fue limitada en los primeros siete. El rey Tutmosis III de la decimoctava dinastía egipcia tuvo un reino oficial de cuarenta y ocho o cuarenta y nueve años, pero como accedió al trono de pequeño, su madrastra ejerció la autoridad por varios años, y el reinado propio de Tutmosis fue de solo treinta y cinco años.

Fechado de la invasiones de Senaquerib
2 Reyes 18:12 Reyes 18:13
Beegle

No es un caso convincente para atribuir un error en el manuscrito original ya que, obviamente, se cometió un error de escribiente al transcribir 2 Reyes 18:13. Ya sea que se usaran numerales o se hayan deletreado los números, 24 podría ser fácilmente transcripto como 14. Todas las otras fechas, en 2 Reyes (15:30, 16:1-2; 17:1) sostienen el fechado de 18:1. Una simple corrección textual de 18:13 armonizaría con todos los relatos.

El número de cantos del gallo En la negación de Pedro
Mateo 26:34, 74-75; Lucas 22:34, 60-61
Marcos 14:30,72
Beegle

Mateo y Lucas, en el mejor de los casos, solamente sugieren un canto, mientras que Marcos, específicamente, menciona dos cantos del gallo. La exégesis confirma que Mateo y Lucas no especifican cuántas veces el gallo cantó; entonces, no hay contradicción.

Pablo cita a Elifaz
1 Corintios 3:19
Beegle

Probablemente, nunca ningún erudito evangélico ha afirmado que la Biblia cita como válidas solamente las declaraciones de santos inspirados o que todas sus declaraciones lo son. Algunos de los reproches que Job dirigió a Dios eran menos que inspirados y, por ellos, él fue justamente reconvenido (Job 34:1-9; 38:1-2; 40:2). Por otra parte, muchas de las opiniones dadas por estos tres amigos eran doctrinalmente correctas. La cita de Pablo de Elifaz no presenta ninguna amenaza.

La dirección a David de realizar el censo
2 Samuel 24:11 Crónicas 21:1
Beegle

La Biblia nos dice que Dios puede permitirle a un creyente que está fuera de comunión con él tomar una acción no sabia o desagradable a los ojos de Dios para que, luego que la persona coseche el fruto amargo de su accionar, pase por un juicio disciplinario apropiado y sea por medio de eso restaurado, purificado en el Espíritu, a una comunión más cercana con el Señor. Ese fue el caso de Jonás. Al final del reinado de David, él y la nación comenzaron a confiar en sus crecientes números y recursos materiales, a tal extremo que necesitaron de la justa disciplina para ser atraídos nuevamente a la correcta dependencia de Dios. Así el Señor permitió a Satanás alentar a David a realizar el censo, lo que resultó en una severa disciplina de Dios.
Entonces, los dos relatos son verdaderos, pues tanto Dios como Satanás influenciaron a David.

12. RESPUESTAS A DISCREPANCIAS EN LA ESCRITURA (continuación)

El lapso de tiempo en las genealogías de Génesis 5 y 10
Beegle

No hay motivo para que no existan brechas en esta genealogía cuando Lucas 3:36 indica, por lo menos, una, en la genealogía de Génesis 10:24. Además, un estudio cuidadoso de los usos reales de los términos griegos y hebreos para «padre» y «engendró» revelan que frecuentemente no significaban nada más definido que una línea ancestral directa. Por ej., Jesús era habitualmente llamado «Hijo de David». Además, ni Génesis 5 ni Génesis 10 mencionan ningún período específico de tiempo que ascienda al total del lapso desde Adán hasta Noé o de Noé hasta Abraham. Pero los años son dados para cada generación, para que el lapso de tiempo total desde Adán hasta Abraham pueda averiguarse fácilmente. El problema es poner la cronología bíblica dentro de la histórica secular.

La edad de Téraj cuando Abraham dejó Jarán
Génesis 12:4 Hechos 7:4, a la luz de Génesis 11:26, 32
Beegle

La inferencia de Beegle de que Téraj tenía setenta años, cuando nació Abraham es altamente cuestionable. La Escritura solamente dice que Téraj tenía esa edad cuando tuvo su primer hijo. No dice, específicamente, quién nació primero. Abraham se menciona en primer lugar, probablemente, por su preeminencia. Otras pasajes, por ejemplo, Génesis 11:28, indican que Jarán pudo haber sido el mayor, ya que fue el primero en morir. Entonces, no hay dificultades en suponer que Abraham nació cuando Téraj tenía ciento treinta años. Esa edad avanzada para la paternidad no era inusual en ese tiempo.

La sepultura de Jacob
Génesis 23:19; 50:13 Hechos 7:16
Beegle

Con una exégesis apropiada, Hechos 7:16 se refiere al lugar de sepultura de los hijos de Jacob, mientras que Génesis 23:19 y 50:13 hacen referencia al de la de Jacob.

Tiempo de estadía de Israel en Egipto
Éxodo 12:40 Gálatas 3:17
Beegle

El punto de la afirmación de Pablo no es revelar el período de tiempo entre Génesis 12, cuando la promesa fue dada por primera vez a Abraham, y Éxodo 20, cuando la ley fue dada a Moisés. El asunto en su declaración es que la ley, que fue dada 430 años después del tiempo de los tres patriarcas, a los cuales se les dieron las promesas, no se dio para anular o suprimir esas promesas. Pablo simplemente menciona el conocido intervalo de la estadía en Egipto como lo que separa el período del pacto de la promesa y el de la ley mosaica. Como tal, el comentario de Pablo fue perfectamente histórico y exacto.

13. PUNTOS DE VISTA OPUESTOS ACERCA DE DIOS

Puntos de vista	Politeísmo	Idealismo
Adherentes	Religiones antiguas Hinduismo Budismo Zen Mormonismo	Josiah Royce William Hocking Ciencia Cristiana Platón Hegel Emerson
Síntesis de doctrina	La creencia de una pluralidad de dioses. Algunos dicen que nació como un rechazo al monoteísmo. Se relaciona frecuentemente con el culto a la naturaleza. Es el complemento popular del panteísmo.	Esta filosofía es un reduccionismo mentalístico que explica un dualismo percibido de la materia y de la mente en términos de una mente global e infinita. Todos los componentes de universo, incluyendo el bien Y el mal, se convierten en un componente finito del Infinito. Todos los elementos se funden en el sumo bien. El bien, a su vez, representa la realidad ideal.
Opinión acerca de Dios	Dios es relegado a uno en medio de muchos, en un panteón de dioses. Esto difiere del henoteísmo, que, aunque reconoce muchos dioses, ve a uno por encima del resto.	Dios es una encarnación nebulosa de lo Absoluto. A pesar de ser perfecto, inmutable y trascendente, él es impersonal.
Contrastes escriturales	Hay un solo Dios verdadero (Dt 6:4; Is 43:10-11; 1 Co 8:4-6; Gá 4:8).	Dios es tanto personal como trascendente (Sal 103:13; 113:5-6, Is 55:8-9). El hombre está naturalmente *enemistado* con Dios (Ef 4:18)

13. PUNTOS DE VISTA OPUESTOS ACERCA DE DIOS (continuación)

Puntos de vista	Realismo	Panteísmo
Adherentes	Thomas Reid Neo-realistas	Spinoza RadhaKrishman Hindúes Transcendentalistas
Síntesis de doctrina	Los universales tienen una existencia que es, en cierto sentido, independiente de las percepciones particulares de la mente. En su forma pura, es diametralmente opuesta al reduccionismo. Intenta equilibrar la objetividad y la subjetividad. Su estructura de ideas sistematizada enfatiza la importancia de la intuición. Es la base para la distinción de sujeto / objeto.	Esta opinión enfatiza la identidad de Dios con el todo. La realidad es representada como una fusión amorfa de toda la materia y el espíritu. El ser personal es devorado en la única y predominante super alma. Como tal, esta visión es el polo opuesto al deísmo.
Opinión acerca de Dios	Esta teoría es esencialmente igual al idealismo. Dios es distinto de su creación, por lo cual la trasciende.	Dios iguala al todo y todo iguala a Dios. (Dios es impersonal e inmanente, pero no, trascendente).
Contrastes escriturales	Ver Idealismo para los primeros tres puntos. El hombre no es, en ningún sentido, independiente de Dios, ni tampoco puede llegar a la verdad espiritual por sí solo. (Hch 17:28; 1 Co 2:10-14).	Dios es personal y trascendente. (Sal 103:13; 113:5-6; Is 55:8-9). El hombre es una entidad (Gn 2:7; 1 Ts 5:23) y un agente moral con libertad limitada. (Ro 7:18 con Jn 6:44).

13. PUNTOS DE VISTA OPUESTOS ACERCA DE DIOS (continuación)

Puntos de vista	Panteísmo	Deísmo
Adherentes	Diógenes Henri Bergson Charles Hartshorne Alfred N. Whitehead Schubert Ogden John Cobb	Voltaire Thomas Hobbes Charles Blount John Toland Evolución teísta Thomas Jefferson
Síntesis de doctrina	Una perspectiva progresiva de Dios y de la realidad (opuesta a una perspectiva estática) en la que un Dios finito, que percibe todas las posibilidades del mundo, es gradualmente realizado en él, en sociedad con el hombre. Dios tiene un polo potencial y un polo actual, por lo cual se usa, a veces, el término «bipolarteísmo».	La naturaleza y la razón apuntan a ciertas verdades básicas. Por un proceso racional, el hombre puede llegar a un entendimiento de estas verdades manifiestas, sin necesidad de la iluminación divina. Esta postura reconoce a Dios, pero niega la intervención sobrenatural en el universo.
Opinión acerca de Dios	Dios es finito, distinto del mundo, pero inseparable de él e interdependiente con él.	Dios es personal y trascendente, pero no, *inmanente*. Es una especie de Dios «de control remoto» (Él «presionó un botón» para crear todo y ahora observa, pasivamente, lo que ocurre).
Contrastes escriturales	Dios es infinito. (Sal 139:7-12; Jer 23:23; Ap 1:8). Dios es trascendente (Sal 113:5-6). Dios es omnipotente (Gn 18:14; Mt 28:18). El hombre necesita a Dios (Hch 17:28). Dios no necesita al hombre (*aseidad* «yo soy el que soy» Éx 3:14; ver, también, Dn 4:35).	Dios es inmanente.(2 Cr 16:9; Hch 17:28; Hag 2:5; Mt 6:5-30). El hombre es inherentemente depravado. (Jer 17:9; Ef 2:1-2) y necesita gracia para ser salvo (Ef 2:8-9). El hombre no es «autónomo».

14. SIETE TEORÍAS PRINCIPALES

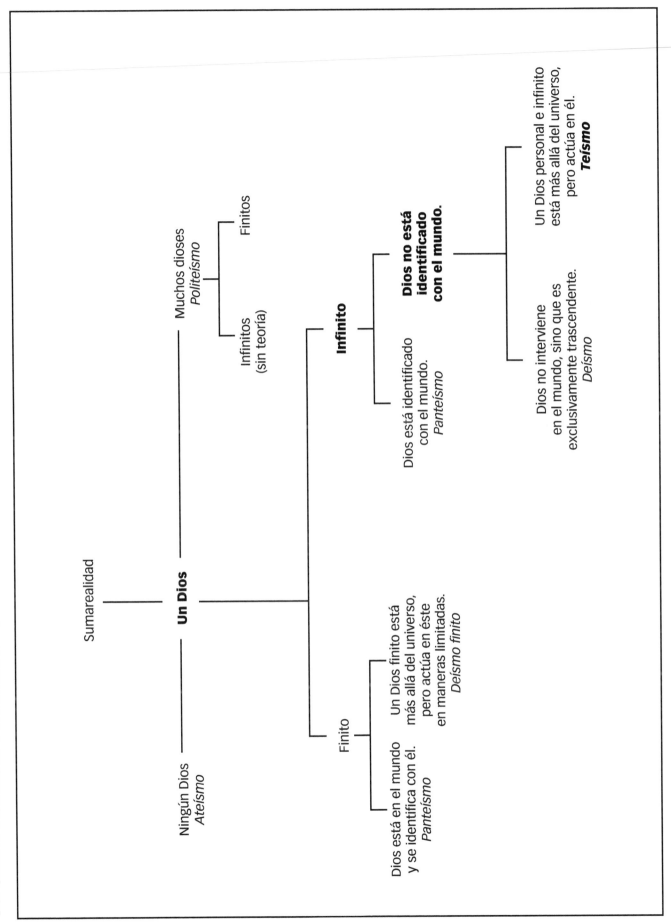

Sumarealidad

Un Dios

Ningún Dios
Ateísmo

Muchos dioses
Politeísmo

Infinitos
(sin teoría)

Finitos

Infinito

Finito

Dios está identificado
con el mundo.
Panteísmo

**Dios no está
identificado
con el mundo.**

Dios está en el mundo
y se identifica con él.
Panteísmo

Un Dios finito está
más allá del universo,
pero actúa en éste
en maneras limitadas.
Deísmo finito

Dios no interviene
en el mundo, sino que es
exclusivamente trascendente.
Deísmo

Un Dios personal e infinito
está más allá del universo,
pero actúa en él.
Teísmo

15. ARGUMENTOS CLÁSICOS PARA LA EXISTENCIA DE DIOS

Tipo de argumento	Título del argumento	Exponente del argumento	Contenido del argumento
A Posteriori *	El argumento del movimiento	Tomás de Aquino	Hay movimiento (transporte) en el universo. Nada se mueve por sí mismo; se requiere un agente o fuerza externa. Una regresión infinita de fuerzas no tiene sentido. Por ello, debe haber un ser que es la fuente elemental de todo el movimiento, pero que no se mueve. Este ser es Dios, el inalterado motor.
A posteriori	El argumento cosmológico (El argumento de la causa).	Tomás de Aquino	Todo efecto tiene una causa. No puede haber una regresión infinita de causas finitas. Entonces, debe haber una causa inicial o un ser necesario. Este ser es Dios.
A posteriori	El argumento de la posibilidad y la necesidad.	Tomás de Aquino	Las cosas solo existen en una cadena de relaciones con otras. Entonces, cada una es dependiente. Sin embargo, una regresión infinita de dependencias es contradictoria. Por lo tanto, debe haber un ser que es absolutamente independiente, no dependiente de nada más. Este ser es Dios.
A posteriori	El argumento de la perfección.	Tomás de Aquino	Se puede observar, en el universo, que hay una pirámide de seres (por ej.: de los insectos, al hombre), en un nivel creciente de perfección. Debe haber un ser final que sea absolutamente perfecto, la fuente de toda perfección. Este ser es Dios.
A posteriori	El argumento teleológico (El argumento del diseño).	Tomás de Aquino	Hay un orden o diseño observable en el mundo, que no puede ser atribuido al objeto en sí mismo (ej.: los objetos inanimados). Este orden evidente implica que hay un ser inteligente que lo creó. Este ser es Dios.
A posteriori	El argumento moral (o antropológico)	Emanuel Kant	Todas las personas poseen un impulso moral o imperativo categórico. Dado que esta moralidad no es siempre recompensada en esta vida, debe haber una base o razón para la conducta moral, más allá de esta vida. Esto implica la existencia de la inmortalidad, el juicio final, y un Dios que establece y sostiene la moralidad, al recompensar el bien y castigar el mal.
A priori *	El argumento de que Dios es una idea innata.	Agustín Juan Calvino Charles Hodge	Cada persona normal nace con la idea de Dios implantada en su mente, aunque está suprimida en injusticia (Ro 1:18). Cuando el niño llega a la adultez, esta idea se torna más clara. Las experiencias críticas, en el curso de la vida, pueden hacer que esta idea aparezca.

* A posteriori: afirmaciones o argumentos que son lógicamente posteriores a la experiencia sensorial o dependen de ella.
* A priori: afirmaciones o argumentos que son lógicamente previos a la experiencia sensorial o no dependen de ella.

15. ARGUMENTOS CLÁSICOS (continuación)

Tipo de argumento	Título del argumento	Exponente del argumento	Contenido del argumento
A priori	El argumento del misticismo	Evelyn Underhill	El hombre puede tener una experiencia directa mística con Dios, que resulta una experiencia estática. Esta unión con Dios es tan únicamente abrumadora que valida la existencia de Dios.
A priori	El argumento de la verdad	Agustín A.H. Strong	Todos creen que algo es verdadero. Si Dios es el Dios de la verdad y el verdadero Dios, entonces Dios es Verdad. Esta Verdad es el contexto para toda otra verdad. Entonces, la existencia de la verdad implica la existencia de la Verdad, que implica la existencia de Dios.
A priori	El argumento ontológico	Anselmo de Canterbury	Premisa mayor: El hombre tiene una idea del infinito y del ser perfecto. Premisa menor: La existencia es una parte necesaria de la perfección. Conclusión: Un ser perfecto e infinito existe, ya que el mismo concepto de perfección requiere su existencia.
A priori	El argumento de la condición humana finita	Aristóteles	El hombre es consciente de su condición finita. ¿Qué hace que el hombre conozca esto? Dios está continuamente impresionando al hombre con su infinitud. Entonces el sentido de ser finito es prueba de un ser infinito, por lo tanto, Dios existe.
A priori	El argumento de la felicidad	Agustín Tomás de Aquino	El hombre es inquieto. Tiene un vago deseo de felicidad, que le fue dado por Dios. Su inquietud continúa, hasta que descansa en Dios. La presencia de este deseo es una prueba indirecta de la existencia de Dios.
A priori	El argumento de la percepción	Obispo Berkeley	El hombre puede percibir (sentir) las cosas a su alrededor. Esto no se da por hechos físicos (la percepción como un acto mental) o por el hombre mismo. Entonces, la existencia de la percepción implica la de Dios, como la única explicación para la percepción humana.
A priori	El argumento existencial	Auguste Sabatier	Dios se prueba a sí mismo a través de la Kerygma, que es la declaración de amor, perdón y justificación del hombre. Cuando uno se decide por la Kerygma, entonces conoce que Dios existe. No hace falta otra evidencia. Dios no es tan evidenciado como conocido, y esto ocurre existencialmente.

El argumento cosmológico

Todo efecto tiene su causa, no puede haber una regresión infinita de causas finitas; entonces, debe haber una causa inicial o ser necesario; este ser es Dios.

Exponente
Tomás de Aquino

Argumentos a favor	Argumentos en contra
La ausencia de un ser esencial o causa «sin causa», finalmente, lleva a la autocreación o creación casual, las cuales son imposibles.	No hay una conexión necesaria (lógicamente) entre causa y efecto. En el mejor de los casos, tenemos solo una disposición psicológica a esperar que el efecto ocurra.
Una cadena de causas requeriría un eslabón en ella para causar la existencia y, al mismo tiempo, tener su existencia producida por otra cosa, la potencialidad produciendo realidad, lo cual no es posible.	Un círculo de causas puede ser una alternativa a una regresión infinita de causas.
Un ser necesario debe ser infinito. Solo aquello que tiene la potencialidad puede ser limitado, y un ser necesario debe ser realidad (si no podría ser posible para él no existir).	La existencia de un Creador infinito no puede ser demostrada por la existencia de un universo finito.
La ley de la causalidad se aplica solo a seres finitos. Dios, que es infinito y eternamente auto existente, no requiere una causa.	Si todo necesita una causa, Dios, también; si no, debe ser causado por sí mismo, lo que es imposible.

El argumento teleológico

Hay un orden o diseño observable en el mundo que no puede ser atribuido al objeto en sí mismo (por ej.: objetos inanimados) e implica que hay un ser inteligente que lo estableció; este ser es Dios.

Exponente
Tomás de Aquino

Argumentos a favor	Argumentos en contra
La creación casual es equivalente a la auto-creación, ya que la casualidad es una abstracción matemática sin una existencia en y por sí misma. Además, la casualidad y la eternidad no mejoran el argumento, pues, en un campo de puro azar, las cosas se tornan, con el tiempo, más ordenadas, no, menos.	El orden en el mundo puede atribuirse a agentes como el azar o la selección natural, antes que a un ser inteligente.
Aun en lo que parecen ser sucesos naturales casuales y en las enfermedades, el orden está presente. El punto de este argumento es a favor de la *existencia* de un diseñador inteligente. No trata de argumentar a favor del *carácter* del diseñador.	Este argumento falla en explicar los sucesos tales como las catástrofes naturales o la enfermedad, que se contraponen a la existencia de un Dios bueno.
Este argumento es a posteriori, de algo exterior; por ejemplo, basado en la observación. En vista de la única base alternativa para postular que hay un ser inteligente a priori, de algo interno, no tenemos otra opción que basar nuestros argumentos a favor de la existencia de Dios, en lo que hemos observado en el mundo que nos rodea.	Este argumento es inválido, ya que extiende lo observable a aquello que va más allá de la experiencia.

El argumento antropológico (moral)

Todas las personas poseen un impulso moral o imperativo categórico. Dado que esta moralidad no es siempre recompensada en esta vida, debe haber una base o razón para la conducta moral, más allá de ella. Esto implica la existencia de la inmortalidad, el juicio final, y un Dios que establece y sostiene la moralidad al recompensar el bien y castigar el mal.

Exponente
Emanuel Kant

Argumentos a favor	Argumentos en contra
Dado que la conciencia del hombre o el impulso moral no es frecuentemente para su mayor beneficio en términos de supervivencia, es poco probable que se desarrollara como una parte necesaria de la selección natural.	El impulso moral del hombre puede atribuirse a fuentes diferentes de Dios, como la idea de la conciencia, que se desarrolla como parte necesaria del proceso evolutivo o de la selección natural.
Aunque la existencia de un Dios bueno (y todopoderoso) podría ordenar la destrucción de la maldad, no necesariamente lo hace ahora.	Si Dios existe como recompensador de lo bueno, ¿por qué existe la maldad? (especialmente si los teístas profesan que Dios es todo bueno y todopoderoso).
Este impulso moral está basado en la naturaleza de Dios, no, en su voluntad arbitraria. En realidad, Dios no puede ser considerado arbitrario en contra de su naturaleza, ya que no puede ir en contra de sí mismo.	Si este impulso moral proviene solo del decreto de Dios, entonces es arbitrario y Dios no es esencialmente bueno (esto se opone al Dios bueno del teísmo, por lo cual, este argumento se toma como prueba).

El argumento ontológico

Este argumento toma la siguiente forma (y muchas otras):
Premisa mayor: El hombre tiene una idea del infinito y del ser perfecto.
Premisa menor: La existencia es una parte necesaria de la perfección.
Conclusión: Un ser perfecto e infinito existe ya que el mismo concepto de perfección requiere la existencia.

Exponente
Anselmo de Canterbury

Argumentos a favor	Argumentos en contra
Si la premisa «las afirmaciones acerca de la existencia son necesarias» es verdadera, también se debe aplicar a la premisa misma, lo que sería contraproducente. Entonces, es posible que se formulen algunas premisas necesarias acerca de la existencia.	Las premisas acerca de la existencia pueden no ser necesarias porque la necesidad es solamente una característica de las premisas. No hay relación entre la existencia de un ser perfecto en la mente de una persona y la existencia real de ese ser en el mundo. El argumento requiere la adopción de una estructura de ideas platónica, en la cual lo ideal es más real que lo físico.

17. CONOCIMIENTO DE DIOS

Revelación natural	Revelación especial
Dada a todos Intencionada para todos	Dada a pocos Intencionada para todos
Suficiente para la condenación	Suficiente para la salvación
Declara la grandeza de Dios	Declara la gracia de Dios

Lugar

1. La naturaleza (Salmo 19:1)
2. La historia (Israel)
3. La conciencia humana
4. La naturaleza religiosa del hombre

Lugar

1. Moisés y los profetas (Heb 1:1)
2. La encarnación (Hebreos 1:2)
3. Los apóstoles (Hebreos 2:3-4)

Apologética

1. Argumento cosmológico
2. Argumento teleológico
3. Argumento antropológico
4. Argumento ontológico

Naturaleza

1. Personal (Filipenses 3:10).
2. Antrópica (Lenguaje humano).
3. Analógica (Romanos 5:7-8).

18. ESQUEMAS DE CATEGORIZACIÓN DE LOS ATRIBUTOS DIVINOS

STRONG	CHAFER	ERICKSON	MUELLER	THIESSEN
Atributos absolutos	**Personalidad**	**Atributos de grandeza**	**Atributos negativos**	**Esencia de Dios**
Espiritualidad, comprende Vida Personalidad	*Omnisciencia* Sensibilidad Santidad Justicia Amor Bondad Verdad	*Espiritualidad Personalidad Vida Infinitud Constancia*	*Unidad Simplicidad Inmutabilidad Infinitud Eternidad Omnipresencia*	*Espiritualidad* Inmaterial Incorporea Invisible Vivo Una persona
Infinitud, comprende Auto existencia Inmutabilidad	*Voluntad* Libertad Omnipotencia			*Auto-existencia* Inmensidad Eternidad
Perfección, comprende Verdad Amor Santidad				
Atributos relativos	**Atributos constitucionales**	**Atributos de bondad**	**Atributos positivos**	**Los atributos de Dios**
Tiempo y Espacio, En relación con Eternidad Inmensidad	*Simplicidad Unidad Infinitud Eternidad Inmutabilidad Omnipresencia o Inmensidad Soberanía*	*Pureza Moral* Santidad Rectitud Justicia	*Vida Conocimiento Sabiduría Voluntad Santidad Justicia Veracidad Poder Bondad*	*Los Atributos no Morales* Omnipresencia Omnisciencia Omnipotencia Inmutabilidad
Creación Omnipresencia Omnisciencia Omnipotencia		*Integridad* Genuinidad Veracidad Fidelidad		*Atributos Morales* Santidad Rectitud y Justicia Bondad Verdad
Seres morales Veracidad, Fidelidad, Misericordia, Bondad, Justicia, Rectitud		*Amor* Benevolencia Gracia Misericordia Persistencia		

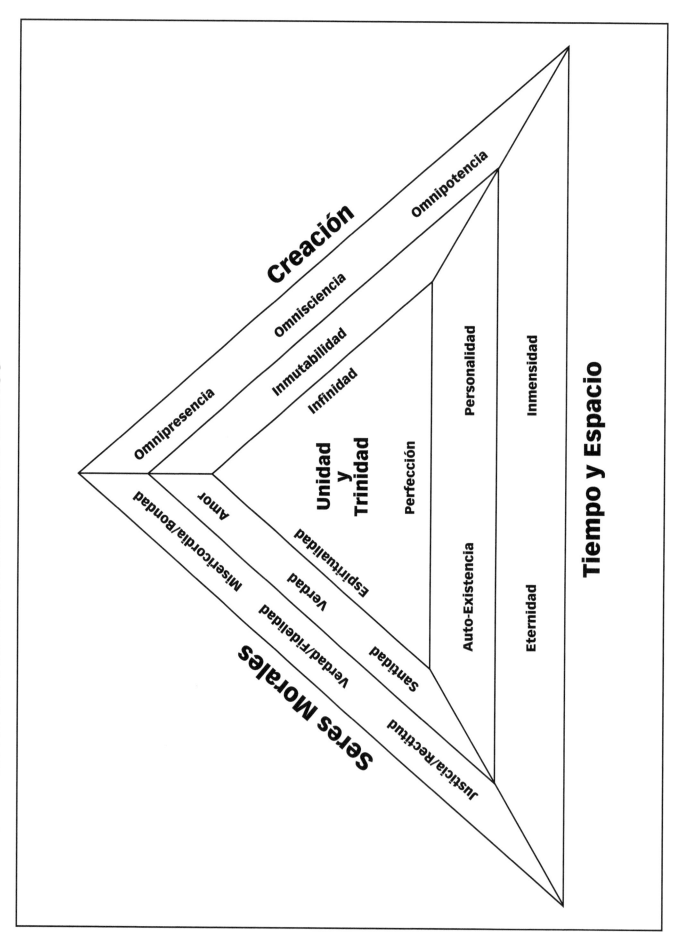

20. DEFINICIONES DE LOS ATRIBUTOS DE DIOS

Atributo	Definición	Referencia bíblica
Simplicidad/ Espiritualidad	Dios es sin mezcla, incomplejo, indivisible, único y espiritual en su esencia.	Jn 1:18; 4:24; 1 Ti 1:17; 6:15-16
Unidad	Dios es uno.	Dt 6:4; 1 Co 8:6
Infinitud	Dios no tiene término ni es finito	1 R 8:27; Sal 145:3; Hch 17:24
Eternidad	Dios está fuera de la sucesión del tiempo.	Gn 21:33; Sal 90:2
Inmutabilidad/ Constancia	Dios no cambia, su esencia no puede ser cambiada.	Sal 102:27; Mal 3:6; Stg 1:17
Omnipresencia	Dios está presente en todo lugar.	Sal 139:7-12; Jer 23:23-24
Soberanía	Dios es el gobernante supremo, independiente de cualquier autoridad fuera de sí mismo.	Ef 1, especialmente v. 21
Omnisciencia	Dios conoce todas las cosas reales y posibles	Sal 139:1-4; 147:4-5; Mt 11:21
Omnipotencia	Dios es todopoderoso.	Mt 19:26; Ap 19:6
Justicia	Dios posee equidad moral; no muestra favoritismo.	Hch 10:34-35; Ro 2:11
Amor	Dios busca lo mejor para las personas a su propio costo infinito.	Sal 103:17; Ef 2:4-5; 1 Jn4:8,10
Benevolencia	Dios tiene una preocupación desinteresada por el bienestar de aquellos que ama.	Dt 7:7-8; Jn 3:16
Gracia	Dios provee a aquellos que ama de favores inmerecidos, según sus necesidades.	Éx 34:6; Ef 1:5-8; Tit 2:11

20. DEFINICIONES DE LOS ATRIBUTOS DE DIOS (continuación)

Atributo	Definición	Referencia bíblica
Bondad	Lo que constituye el carácter de Dios y es mostrado por la benevolencia, gracia y misericordia.	Éx 33:19; Sal 145:9
Libertad	Dios es independiente de sus criaturas.	Sal 115:3
Santidad	Dios es recto, perfecto, separado de todo pecado o maldad.	1 P 1:16
Rectitud	Es la santidad aplicada a las relaciones; la ley de Dios y sus acciones son absolutamente rectas.	Sal 19:7-9; Jer 9:24
Verdad	Es el acuerdo y la consistencia con todo lo que Dios mismo representa.	Jn 14:6; 17:3
Genuinidad	Dios es real / verdadero.	Jer 10:5-10; Jn 17:3
Veracidad	Dios habla la verdad y es confiable.	1 S 15:29; Jn 17:17 y 19; Heb 6:18; Tit 1:2
Fidelidad	Dios se muestra veraz; cumple sus promesas.	Nm 23:19; Sal 89:2; 1 Ts 5:24
Personalidad	Dios es personal. Tiene conocimiento propio, voluntad, intelecto, autodeterminación.	Éx 3:14; Gn 3
Vida	Dios es vida y la fuente primaria de toda la vida.	Éx 3:14; Jer 10:10; Jn 5:26
Misericordia	Dios posee un corazón tierno, y muestra compasión a la gente necesitada y miserable que ama; además, no da a la persona caída lo que ella merece.	Éx 3:7, 17; Sal 103:13; Mt 9:36
Persistencia	Longanimidad y paciencia hacia su pueblo.	Sal 86:15; Ro 2:4; 9:22

Introducción

La doctrina de la Trinidad es central para el cristianismo bíblico; describe las relaciones entre los tres miembros de la Deidad de una manera consistente en las Escrituras. Lo central de esta doctrina es la cuestión de cómo Dios puede ser tanto uno como tres. Los primeros cristianos no querían perder su judaísmo monoteísta al exaltar a su Salvador. Las herejías surgieron cuando los hombres buscaron explicar al Dios cristiano, sin convertirse en triteístas (que es lo que los judíos rápidamente los acusaban de ser). Los cristianos afirmaban que el monoteísmo judío del Antiguo Testamento no excluía la Trinidad.

El clímax de la formulación trinitaria ocurrió en el Concilio de Constantinopla, en el 381 d.C. A él le debemos la visión ortodoxa de la Trinidad. Para apreciar lo que este concilio estableció, sin embargo, es útil analizar el desarrollo histórico de la doctrina. Esto no implica que la iglesia o algún concilio inventaron la doctrina. Más bien, fue, en respuesta a las herejías, que la iglesia explicó lo que la Escrituras decían.

La iglesia pre-Nicena: 33-325 d.C.

Los apóstoles: 33-100 d.C.
La enseñanza apostólica, claramente, aceptaba la real y completa deidad de Jesús, y adoptaba la fórmula bautismal trinitaria.

Los padres apostólicos: 100-150 d.C.
Los escritos de los padres apostólicos fueron marcados por la pasión acerca de Cristo (Cristo es Dios, él es preexistente) y por ambigüedad teológica acerca de la Trinidad.

Los apologistas y los polemistas: 150-325 d.C.
La creciente persecución y herejía forzó a los escritores cristianos a establecer más precisamente y defender la enseñanza bíblica acerca de Dios el Padre, el Hijo y el Espíritu Santo.
Justino Mártir: Cristo es diferente, en su función, del Padre.
Atenágoro: Cristo no tuvo principio.
Teófilo: El Espíritu Santo es distinto del Logos.
Orígenes: El Espíritu Santo es coeterno con el Padre y el Hijo.
Tertuliano: Habló de «Trinidad» y de «personas» (tres, en número; pero uno, en sustancia).

21. LA DOCTRINA DE LA TRINIDAD (Continuación)

El Concilio de Nicea: 325 d.C.

Dada la difusión de la herejía arriana -que negaba la deidad de Cristo- la unidad y aun el futuro del Imperio Romano parecían inciertos. Constantino, recién convertido, llamó a un concilio ecuménico en Nicea para aclarar la cuestión.

La cuestión: ¿Era Cristo totalmente Dios, o era un ser creado y subordinado?

ARRIO

Solo Dios el Padre es eterno.
El Hijo tuvo un comienzo como el primero y mayor ser creado.
El Hijo no es uno en esencia con el Padre.
Cristo está subordinado al Padre.
Él es llamado Dios como título honorífico.

ATANASIO

Cristo es coeterno con el Padre.
Cristo no tuvo comienzo.
El Hijo y el Padre son de una misma esencia.
Cristo no está subordinado al Padre.

Afirmaciones principales del credo del concilio

(Creemos) «En el Señor Jesucristo… verdadero Dios, no creado, de una sustancia con el Padre».
«Pero aquellos que dicen que hubo un tiempo en que él no fue, y que antes de ser engendrado él no existía… estos son anatemas para la iglesia Católica».
«Y creemos en el Espíritu Santo».

Resultados del concilio

El arrianismo fue formalmente condenado.
El tema de la *homoousia* (misma sustancia) creó conflictos.
Los arrianos reinterpretaron la *homoousia* y acusaron al concilio de monarquismo modélico
La doctrina del Espíritu Santo quedó sin desarrollar.

El Concilio de Constantinopla: 381 d.C

El arrianismo no fue extinguido en Nicea; en realidad, creció en importancia. Además, surgió el macedonianismo, que subordinaba al Espíritu Santo de la misma manera que el arrianismo había subordinado a Cristo.

La cuestión: ¿Es el Espíritu Santo totalmente Dios?

Afirmaciones principales del credo del Concilio

«Y en el Espíritu Santo, el Señor y dador de la vida, que procede del Padre, quien es glorificado y adorado junto con el Padre y el Hijo.»

Resultados del Concilio

El arrianismo fue rechazado, y el credo de Nicea, reafirmado. Se condenó el macedonianismo y se afirmó la deidad del Espíritu Santo.
Se resolvieron los conflictos más importantes sobre el trinitarianismo (aunque los detalles cristológicos continuaron hasta Calcedonia, 451 d.C.).

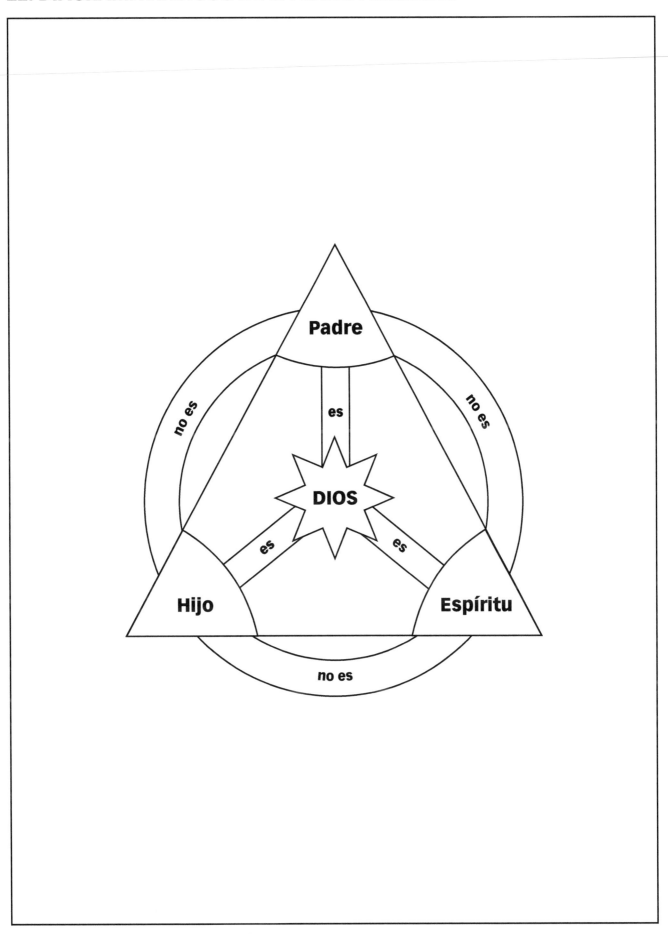

23. PUNTOS DE VISTA PRINCIPALES CON RELACIÓN A LA TRINIDAD

Punto de vista	Fuente	Exponente	Percepción de la esencia de Dios (Unicidad-Unidad)	Percepción de la subsistencia de Dios (Trinidad Diversidad)
Monarquianismo dinámico	Teodoto	Pablo de Samosata Artemon Socinio Unitarios modernos	La unidad de Dios denota tanto unicidad de naturaleza como unicidad de persona. El Hijo y el Espíritu Santo son, entonces, consustanciales con la esencia divina del Padre, solo como *atributos* impersonales. El *dunamis* divino vino sobre el Jesús hombre; pero él no era Dios, en el sentido estricto de la palabra.	La noción de un Dios subsistente es una imposibilidad palpable, ya que su perfecta unidad es perfectamente indivisible. La «diversidad» de Dios es aparente y, no, real, ya que el caso de Cristo y la obra de Espíritu Santo solo afirman una operación dinámica en Dios, no, una unión hipostática.
Monarquianismo modalístico	Práxeas	Noeto Sabelio Swedenborg Schleimacher Pentecostales Unidos (Solo Jesús)	La unidad de Dios es extremadamente simple. Él se caracteriza cualitativamente en su esencia por una naturaleza y una persona. Esta esencia puede ser designada indistintamente como Padre, Hijo y Espíritu Santo. Esos son nombres diferentes para Dios, pero idénticos con el unificado simple Dios. Los tres nombres son los tres modos mediante los cuales Dios se revela a sí mismo.	El concepto de un Dios subsistente es erróneo y confunde el punto real del fenómeno de la propia manifestación modalística de Dios. La paradoja de «tres en unidad» subsistentes se refuta al reconocer que Dios no es en tres personas, sino una persona con tres nombres y roles diferentes, que se suceden, uno tras otro, como actos de una pieza teatral.
Subordinacionismo	Arrio	Testigos de Jehová modernos y otras sectas menos conocidas	La unicidad inherente de la naturaleza de Dios se identifica correctamente solo con el Padre. El Hijo y el Espíritu Santo son entidades separadas que no comparten la esencia divina.	La esencia unipersonal de Dios excluye el concepto de subsistencia divina con una Deidad. «Tres en unidad» es auto-contradictorio y viola los principios bíblicos de un Dios monoteísta.
Trinitarianismo «económico»	Hipólito Tertuliano	Varios trinitarios «neo-económicos»	La Deidad se caracteriza por la triunidad. El Padre, el Hijo y el Espíritu Santo son tres manifestaciones de una sustancia idéntica e indivisible. La unidad perfecta y consubstancialidad se entienden, especialmente, en obras trinas como la creación y la redención.	La subsistencia con la Deidad se articula por medios como la «distinción» y «distribución», disipando efectivamente la idea de separación y división.
Trinitarianismo ortodoxo	Atanasio	Basilio Gregorio de Niza Gregorio de Nazianzo Agustín Tomás de Aquino Lutero Calvino Cristianismo ortodoxo Contemporáneo	Dios es perfectamente unificado y simple: de una esencia *(homoousia)*. El Padre, el Hijo y el Espíritu Santo poseen esta esencia de la deidad en común. Las tres personas son consubstanciales, co-inherentes *(perichoresis)*, coiguales y coeternas.	Se dice que la subsistencia divina ocurre simultáneamente en tres formas de seres o hipóstasis. Como tal, la Deidad existe «indivisa en personas diferentes». Esta opinión contempla una *identidad* en naturaleza y *cooperación* en función sin negar la distinción de personas en la Deidad.

23. PUNTOS DE VISTA PRINCIPALES CON RELACIÓN A LA TRINIDAD (continuación)

Punto de vista	Asignación de Deidad / Eternalidad			Referentes analógicos	Críticas
	Padre	**Hijo**	**Espíritu Santo**		
Monarquianismo dinámico	El único creador del universo. Es eterno, auto-existente, sin principio ni fin.	Un hombre virtuoso (pero finito), en cuya vida estaba Dios presente, de manera dinámica y en forma única. Cristo, definitivamente, no era divino, aunque su humanidad fue deificada.	Un atributo impersonal de la Deidad. No se le atribuye deidad ni eternalidad.		Eleva la razón por encima del testimonio de la revelación bíblica acerca de la Trinidad. Niega categóricamente la deidad de Cristo y del Espíritu Santo, socavando así las bases teológicas para la doctrina bíblica de la salvación.
Monarquianismo Modalístico	Es totalmente Dios y totalmente eternal como el modo o manifestación primaria del único Dios unitario.	Se le atribuye total deidad/eternalidad, en el sentido de ser otro del único Dios e idéntico en su esencia. Él es el mismo Dios manifestado en *secuencia temporal*, específicamente, en un papel (encarnación).	Dios eterno, solo mientras ese título lo designe como la fase en la que el único Dios, en *secuencia temporal, se manifestó* a sí mismo en cuanto a la función de la regeneración y santificación.	Una persona en tres roles diferentes del mismo acto. Agua-hielo-vapor.	Despersonaliza a la deidad. Para compensar por sus deficiencias trinitarias, esta posición propone ideas que son claramente heréticas (por ej. patripasianismo). Su concepto de las manifestaciones sucesivas de la deidad no pueden explicar las apariciones simultáneas de las tres personas, como en el bautismo de Cristo.
Subordinacionismo	El único Dios no engendrado, que es eterno y sin principio.	Un ser creado y, por ende, no eterno. Aunque debe ser venerado, no tiene esencia divina.	Una emanación del Padre no personal ni eterna. Se lo ve como una influencia, una expresión de Dios. No se le atribuye divinidad.	Mente-ideas-acción.	Discrepa sobre el testimonio escritural abundante acerca de la deidad tanto de Cristo como del Espíritu Santo. Su concepto jerárquico, asimismo, afirma a tres personas diferentes en esencia, con respecto al Padre, Cristo y el Espíritu Santo. Esto resulta en una soteriología totalmente confusa.
Trinitarianismo «económico»	La igual deidad del Padre, Hijo y Espíritu Santo se pone en claro al observar las características operacionales/relacionales simultáneas de la Deidad. La coeternalidad, en momentos, no se trata inteligentemente en esta opinión ambigua, pero parece ser una inferencia lógica.			Un manantial y su río. La unidad entre una raíz y su brote. El sol y su luz.	Es más tentativa y ambigua en su tratamiento del aspecto relacional de la deidad.
Trinitarianismo ortodoxo	En su conclusión, esta opinión establece, sin dudar, al Padre, al Hijo y al Espíritu Santo como coiguales y coeternos en la Deidad, con relación tanto a la esencia como a la función divina.			Ninguna analogía logra explicar adecuadamente el Trinitarianismo Ortodoxo.	La única deficiencia tiene que ver con las limitaciones inherentes al lenguaje y al pensamiento humano: la imposibilidad de describir totalmente el misterio innegable de «tres en unidad».

24. UNA PRESENTACIÓN BÍBLICA DE LA TRINIDAD

Introducción

La palabra «Trinidad» nunca es usada ni la doctrina del trinitarianismo, enseñada, explícitamente, en las Escrituras; por eso, para su análisis, hay que reunir temas e información bíblica, por medio de un estudio teológico sistemático, e investigar el desarrollo de la visión ortodoxa de la presentación bíblica de lo que es la Trinidad. Pero el trinitarianismo es la mejor explicación de la evidencia bíblica. La exposición teológica de la doctrina surgió de una clara, aunque no amplia, enseñanza escritural. Es una doctrina crucial para el cristianismo porque se enfoca en quién es Dios, y, particularmente, en la deidad de Jesucristo.

Elementos esenciales De la Trinidad

1. Dios es uno.
2. Cada una de las personas de la Deidad es divina.
3. La unidad de Dios y la trinidad de Dios no son contradictorias.
4. La Trinidad (Padre, Hijo y Espíritu Santo) es eterna.
5. Cada una de las personas de Dios tiene la misma esencia; ninguna es superior o inferior a las otras.
6. La Trinidad es un misterio que nunca podremos entender completamente.

Enseñanza bíblica	Antiguo Testamento	Nuevo Testamento
Dios es uno	«Escucha, Israel: El Señor nuestro Dios es el único Señor» (Dt 6:4, comparar con 20:2-3; 3:13-15).	«Por tanto, al Rey eterno, inmortal, invisible, al único Dios, sea honor y gloria por los siglos de los siglos. Amén» (1 Ti 1:17; compárese con 1 Co 8:4-6; 1 Ti 2:5-6; Stg 2:19).
Tres personas diferentes como Deidad	El Padre: «"Tú eres mi hijo", me ha dicho; "hoy mismo te he engendrado"» (Sal 2:7).	«A los elegidos (…) según la previsión de Dios el Padre» (1 P 1:1-2; comparar con Jn 1:17; 1 Co 8:6; Fil 2:11).
	El Hijo: « "Tú eres mi hijo", me ha dicho; "hoy mismo te he engendrado"» (Sal 2:7; comparar con Heb1:1-13; Sal 68:18; Is 6:1-3; 9:6).	«Tan pronto como Jesús fue bautizado, subió del agua. En ese momento se abrió el cielo, y él vio al Espíritu de Dios bajar como paloma y posarse sobre él. Y una voz del cielo decía: "Éste es mi Hijo amado; estoy muy complacido con él"» (Mt 3:16-17).
	El Espíritu Santo: «Dios, en el principio, creó los cielos y la tierra (…) y el Espíritu de Dios iba y venía sobre la superficie de las aguas». (Gn 1:1-2; comparar con Éx 31:3; Jue 15:14; Is 11:2).	«Ananías, le reclamó Pedro, ¿cómo es posible que Satanás haya llenado tu corazón para que le mintieras al Espíritu Santo (…) ¡No has mentido a los hombres sino a Dios!» (Hch 5:3-4; comparar con 2 Co 3:17).

24. UNA PRESENTACIÓN BÍBLICA DE LA TRINIDAD (continuación)

Pluralidad de personas	El uso de pronombres plurales apunta o, por lo menos, sugiere la pluralidad de personas en la Deidad, en el Antiguo Testamento. «Y dijo: "Hagamos al ser humano a nuestra imagen y semejanza"» (Gn 1:26).		El uso de la palabra singular «nombre», al referirse a Dios el Padre, Hijo o Espíritu Santo, indica una unidad en la trinidad de Dios. «Por tanto, vayan y hagan discípulos de todas las naciones, bautizándolos en el nombre del Padre y del Hijo y del Espíritu Santo» (Mt 28:19).

	Atributo	**Padre**	**Hijo**	**Espíritu Santo**
Personas de la misma esencia: atributos aplicados a cada persona	Eternalidad	Salmo 90:2	Juan 1:2; Apocalipsis 11:8, 17	Hebreos 9:14
	Poder	1 Pedro 1:5	2 Corintios 12:9	Romanos 15:19
	Omnisciencia	Jeremías 17:10	Apocalipsis 2:23	1 Corintios 2:11
	Omnipresencia	Jeremías 23:24	Mateo 18:20	Salmo 139:7
	Santidad	Apocalipsis 15:4	Hechos 3:14	Hechos 1:8
	Verdad	Juan 7:28	Apocalipsis 3:7	1 Juan 5:6
	Benevolencia	Romanos 2:4	Efesios 5:25	Nehemías 9:20
Igualdad con diferentes roles: actividades que implican a las Tres personas	Creación del mundo	Salmo 102:25	Colosenses 1:16	Génesis 1:2; Job 26:13
	Creación del hombre	Génesis 2:7	Colosenses 1:16	Job 33:4
	Bautismo de Cristo	Mateo 3:17	Mateo 3:16	Mateo 3:16
	Muerte de Cristo	Hebreos 9:14	Hebreos 9:14	Hebreos 9:14

25. PUNTOS DE VISTA FALSOS ACERCA DE LA TRINIDAD

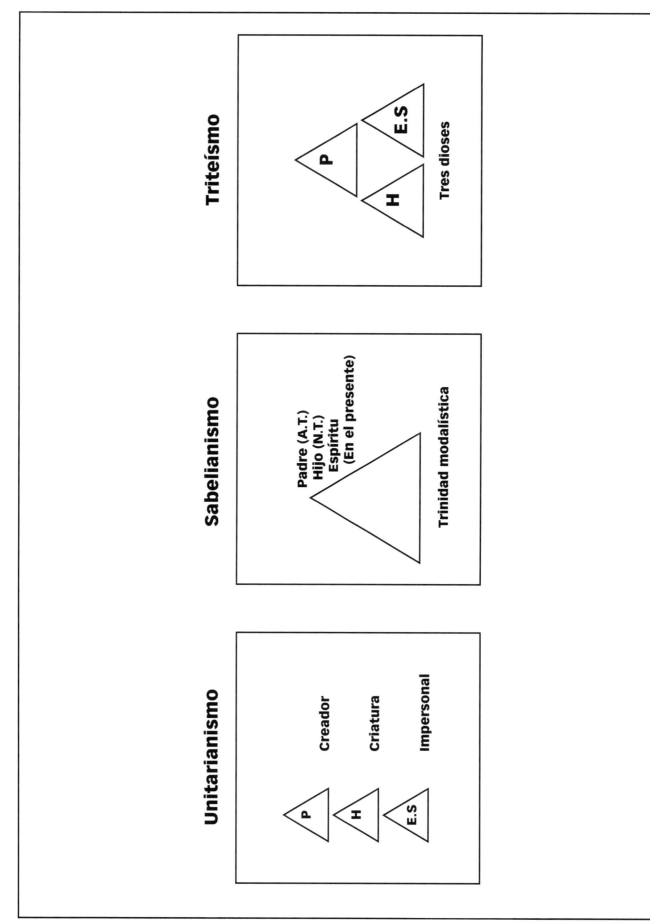

26. LOS NOMBRES DE DIOS

Nombres	Significado / Importancia	Referencia bíblica
Yahveh/Jehová	El único autoexistente. Algunos creen que enfatiza la naturaleza ontológica de Dios: «yo soy el que soy»; otros creen que declara la fidelidad de Dios: «Yo soy (o seré) el que he sido» o «Yo seré el que seré». Este es el nombre apropiado y personal de Dios.	Éx 3:14-15; comparar con Gn 12:8; 13:4; 26:25; Éx 6:3; 7; 20:2; 33:19; 34:5-7; Sal 68:4; 76:1; Jer 31:31-34
Jehová-Yireh	Jehová proveerá	Gn 22:8-14
Jehová-Nisi	Jehová es mi estandarte	Éx 17:15
Jehová-Shalom	Jehová es paz	Jue 6:24
Jehová-Sabaot	Jehová de los ejércitos	1 S 1:3; 17:45; Sal 24:10; 46:7,11
Jehová-Maccaddeshoem	Jehová tu santificador	Éx 31:13
Jehová-Raah	Jehová es mi pastor	Sal 23:1
Jehová-Tsidkenu	Jehová, nuestra justicia	Jer 23:6; 33:16
Jehová El Gemola	Jehová Dios de la recompensa	Jer 51:56
Jehová-Nakeh	Jehová el que derriba	Ez 7:9
Jehová-Sama	Jehová que está presente	Ez 48:35
Jehová-Rafe	Jehová el que sana	Éx 15:26
Jehová-Elohim	Jehová, el Poderoso	Jue 5:3; Is 17:6

26. LOS NOMBRES DE DIOS (Continuación)

Nombres	Significado / Importancia	Referencia bíblica
Adonai	Señor, Amo; el nombre de Dios usado por Jehová cuando el nombre propio de Dios era tenido demasiado sagrado como para pronunciarse.	Éx 4:10-12; Jos 7:8-11
Elohim	Poderoso, un término plural para Dios, usualmente refiriéndose a su majestad o a su plenitud.	Gn 1:1; 26-27; 3:5; 31:13; Dt 5:9; 6:4; Sal 5:7; 86:15; 100:3
El Elyon	Altísimo (literalmente, el más fuerte, poderoso)	Gn 14:18; Nm 24:16; Is 14:13-14
El Roi	El Poderoso que ve	Gn 16:13
El Shaddai	Dios todopoderoso o todosuficiente	Gn 17:1-20
El Olam	Dios eterno o Dios de la eternidad	Gn 21:33; Is 40:28
El Elohe Israel	Dios, el Dios de Israel	Gn 33:20
Yeshua	Jesús, Jehová es Salvador o Salvación	Mt 16:13-16; Jn 6:42; Hch 2:36; Tit 2:13; 2 P 1:11
Christos	Cristo, el Mesías, el Ungido	Mt 16:13-16; Jn 1:41; 20:31; Hch 2:36; Ro 6:23; Tit 2:13; 2 P 1:11
Kurios	Señor, amo, dueño	Lc 1:46; Hch 2:36; Jd 4
Soter	Salvador, uno que salva del peligro y de la muerte	Lc 1:47; 2:11
Theos	Dios, un sustantivo de clase que puede referirse a cualquier dios o al único y verdadero Dios; usado para el Señor Jesús como el verdadero Dios.	Lc 1:47; Jn 20:28; Tit 2:13; 2 P 1:11

27. HEREJÍAS CRISTOLÓGICAS HISTÓRICAS

Puntos de vista	Ebionitas	Docetistas	Arrianos
Defensores	Judaizantes	Basílides Valentino Patripassianos Sabelianos	Arrio, obispo de Alejandría Orígenes (?)
Época	Siglo II	Finales del siglo I	Siglo IV
Negación	Deidad genuina	Humanidad genuina	Deidad genuina
Explicación	Cristo tuvo el Espíritu después del bautismo, no era preexistente.	Jesús parecía humano, pero era realmente divino.	Cristo fue el primero y más alto ser creado, *homolousia*; no, *homoousia..*
Condena	Sin condena oficial	Sin condena oficial	Concilio de Nicea, 325 d.C.
Asociada con	Legalismo	La maldad del mundo material y la divinidad oussiana del hombre, como enseñaban Marcion y los gnósticos.	Generación = Creación
Argumentos a favor	Son monoteístas.	Afirman la deidad de Cristo.	Enseñan que Cristo está subordinado al Padre.
Argumentos en contra	Solo un Cristo divino es digno de adoración (Jn 1:1; 20:28; Heb 13:8).	Si Cristo no fuera humano, no podría redimir a la humanidad. (Heb 2:14; 1 Jn 4:1-3).	Solo un Cristo divino es digno de adoración. Este punto de vista tiende al politeísmo. Solo un Cristo divino puede salvar. (Fil 12:6; Ap 1:8).
Oponentes principales	Ireneo Hipólito Orígenes Eusebio	Ireneo Hipólito	Atanasio Ossius

Puntos de vista	Apolinarios	Nestorianos	Eutiquianos
Defensores	Apolinario, obispo de Laodicea Justino Martir	Representada por Néstor, obispo de Constantinopla, en el siglo V.	Representada por Eutiques Teodosio II
Época	Siglo IV	Siglo V	Siglo V
Negación	Completa humanidad	Unidad de persona	Distinción de naturalezas
Explicación	El Logos divino tomó el lugar de la mente humana.	La unión fue moral, no, orgánica; así, de dos personas, la humana estaba controlada completamente por la divina.	Monofisitista; la naturaleza humana fue absorbida por la divina para crear una tercera naturaleza: un *tertium quid.*
Condena	Concilio de Antioquía (378, 379 d.C.). Concilio de Constantinopla (381 d.C.).	Sínodo de Éfeso, 431 d.C.	Concilio de Calcedonia (405 d.C); defendido por «Sínodo Ladrón» de Éfeso (449 d.C.); condenada por Calcedonia (451 d.C.).
Asociada con	Logos=la razón en la gente	Cristología de «palabra-hombre» (Antioqueña) no de «palabra-carne» (Alejandrina); opuesta a usar la *theotokos* de María.	Interés por la unidad y divinidad de Cristo; Alejandrina (humanidad minimizada).
Argumentos a favor	Afirma la deidad de Cristo y su verdadera humanidad.	Distinguió al Jesús humano, que murió, del Hijo Divino, que no puede morir.	Mantuvo la unidad de la persona de Cristo.
Argumentos en contra	Si Cristo no tuvo una mente humana, no sería verdaderamente humano (Heb 2:14; 1 Jn 4:1-3).	Si la muerte de Jesús fue el acto de una persona humana, no, de Dios, no podría ser eficaz (Ap 1:12-18).	Si Cristo no era ni hombre ni Dios, no podría redimir como hombre o como Dios (Fil 2:6).
Oponentes principales	Vitalis Papa Damasco Basilio, Teodosio Gregorio Nazianzo Gregorio de Nisa	Cirilo de Alejandría	Flavio de Constantinopla Papa Leo Theodoret Eusebio de Dorylaeum

28. FALSAS OPINIONES DE LA PERSONA DE CRISTO

Ebionismo

Negaba la naturaleza divina

Docetismo

Negaba la naturaleza humana

Arrianismo

Negaba la naturaleza divina

Nestorianismo

Negaba la unión de naturalezas

Euticianismo

Negaba la distinción de naturalezas

Apolinarianismo

Negaba el espíritu humano

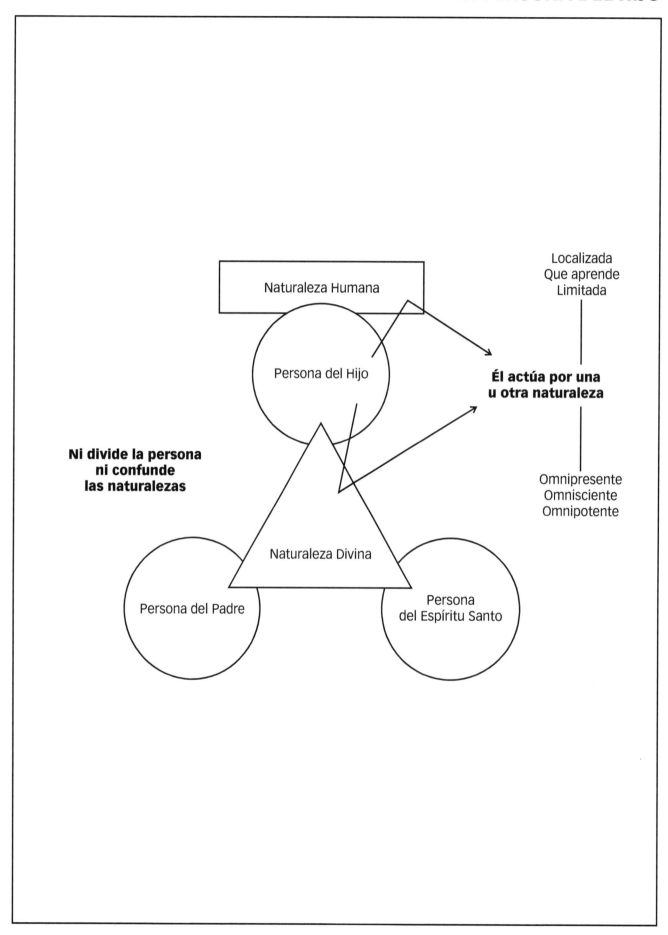

30. TEORÍAS DE LA KENOSIS

Teorías tradicionales kenóticas

Cristo se despojó a sí mismo de
la conciencia divina

El Hijo de Dios dejó de lado su participación en la Divinidad cuando se convirtió en un hombre. Todos los atributos de su deidad literalmente cesaron, al ocurrir la encarnación. El Logos se convirtió en un alma residiendo en el Jesús humano.

Cristo se despojó a sí mismo de
su forma de eternidad

El Logos cambió su forma de eternidad por una forma temporal sujeta por la naturaleza humana. En esta forma temporal Cristo no tenía más los atributos iguales a la Deidad, aunque podía usar poderes supernaturales.

Cristo se despojó a sí mismo de
los atributos relativos a la Deidad

Este punto de vista diferencia los atributos esenciales, como la verdad y el amor, de aquellos que se relacionan con el universo creado, como la omnipotencia y omnipresencia.

Cristo se despojó a sí mismo de
la integridad de la existencia divina infinita

En la encarnación de Cristo, el Logos tomó una doble vida. Un «centro de vida» continuó funcionando conscientemente en la Trinidad, mientras que el otro se volvió encarnado con naturaleza humana, desapercibido de las funciones cósmicas de la Deidad.

Cristo se despojó a sí mismo de
la actividad divina

El Logos volvió todas sus funciones y tareas divinas al Padre. El Logos encarnado no era consciente de los acontecimientos dentro de la Deidad.

Cristo se despojó a sí mismo del
ejercicio presente de las prerrogativas divinas.

El Logos redujo el modo de los atributos divinos, del reino de lo actual al de lo potencial.
Él retuvo su conciencia divina, pero renunció
A las condiciones de la infinidad y su forma.

Adaptado de Robert E. Picirili, *He Emptied Himself* [Se despojó a sí mismo], *Biblical Viewpoint*, del 3 abril de 1969, págs. 23-30. Usado con permiso.

Teorías Subkenóticas

Cristo se despojó a sí mismo del
uso de los atributos divinos

El Logos poseía los atributos divinos, pero eligió no usarlos.

Cristo se despojó a sí mismo del
ejercicio independiente de los atributos divinos

El Logos siempre poseyó y podía utilizar las prerrogativas de la Deidad, pero siempre en sumisión y por el Poder del Padre (y del Espíritu Santo). El Cristo encarnado nunca hizo nada independientemente, en virtud de su propia deidad.

Cristo se despojó a sí mismo de
la insignia de la majestad y las prerrogativas de la Deidad

El Logos se vació a sí mismo de la forma externa de la Deidad. (Esta postura es vaga, en cuanto a lo que se refiere).

31. LA PERSONA DE CRISTO

Preencarnado	Naturaleza divina	Naturaleza humana	Unión de naturalezas	Carácter
Existía antes de la creación Desde el «principio» (Jn 1:1; 1 Jn 1:1). «Con Dios» (Jn 1: 1 y 2). «Antes de que el mundo existiera» (Jn 17:5). El Verbo «se hizo hombre» (implica una existencia preencarnada, Jn 1:14).	**Posee atributos divinos** Él es eterno (Jn 1:1; 8:58; 17:5). Él es omnipresente (Mt 28:20; Ef 1:23). Él es omnisciente (Jn 16:30; 21:17). Él es omnipotente (Jn 5:19). Él es inmutable (Heb 1:12; 13:8).	**Tuvo un nacimiento humano** Nació de una virgen (Mt 1:18-2:11; Lc 1:30-38).	**Teantrópica** La persona de Cristo es teantrópica; tiene dos naturalezas (divina y humana en una persona)	**Absolutamente santo** Su naturaleza humana fue creada santa (Lc 1:35). No cometió pecado (1 P 2:22). Siempre agradó al Padre (Jn 8:29).
Participó en la Creación «Hagamos al ser humano» (Gn 1:26). El «artesano» (Pr 8:30). El «primogénito de toda creación» (Col 1:15). El mundo fue creado «por medio de él» (Col 1:16; Jn 1:3). El mundo fue creado «por medio de él» (Jn 1:10, 1 Co 8:6). Todas las cosas fueron creadas «para él» (Col 1:16). Todas las cosas subsisten «por medio de él» (Col 1:17)	**Posee oficios divinos** Él es creador (Jn 1:3; Col 1:16). Él es sustentador (Col 1:17). **Posee prerrogativas divinas** (Mt 9:2; Lc 7:47.) Perdona los pecados. Resucita muertos (Jn 5:25; 11:25). Ejecuta juicio (Jn 5:22). **Se identifica con el Yahveh del Antiguo Testamento** «YO SOY» (Jn 8:58) Visto por Isaías (Jn 12:41; 8:24, 50-58)	**Tuvo un desarrollo humano** Continuó creciendo y desarrollándose (Lc 2:50, 52). **Tenía los elementos de la naturaleza humana** Cuerpo humano (Mt 26:12; Jn 2:21). Razón y voluntad (Mt 26:38; Mr 2:8). **Tenía nombres humanos** Jesús (Mt 1:21). Hijo del Hombre (Mt 8:20; 11:18). Hijo de Abraham (Mt 1:1).	**Personal** Unión hipostática, constituyendo una sustancia personal; dos naturalezas; una persona. **Incluye las cualidades y las acciones humanas y divinas** Tanto las cualidades y las acciones humanas como las divinas pueden ser atribuidas a Jesucristo, bajo una u otra de sus naturalezas.	**Posee amor genuino** Entregó su vida (Jn 15:13). Su amor excede a todo conocimiento. **Verdaderamente humilde** Tomó forma de siervo (Fil 2:5-8). **Completamente manso** (Mt 11:29).
Se manifestó a sí mismo luego de la creación (Antiguo Testamento) Como «Jehová»: A Abraham (Gn 18) En juicio (Gn 19) En promesa (Os 1:7) Como el «ángel de Jehová»: A Agar (Gn 16) A Abraham (Gn 22) A Jacob (Gn 31) A Moisés (Ex 3:2) A Israel (Ex 14:19) A Balaam (Nm 22:22) A Gedeón (Jue 6)	**Posee nombres divinos** «Alfa y Omega» (Ap 22:13). «YO SOY» (Jn 8:58). «Emanuel» (Mt 1:22). «Hijo de Hombre» (Mt 9:6; 12:8). «Señor» (Mt 7:21; Lc 1:43). «Hijo de Dios» (Jn 10:36). «Dios» (Jn 1:1; 2 P 1:1). **Posee relaciones divinas** La imagen misma de Dios (Col 1:15; Heb 1:3). Él es uno con el Padre (Jn 10:31) **Acepta adoración divina** (Mt 14:33; 28:9; Jn 20:28-29) **Reclama ser Dios** (Jn 8:58; 10:30; 17:5)	**Tenía las marcas (sin pecado) de la naturaleza humana** Se sintió cansado (Jn 4:6). Tuvo hambre (Mt 4:2; 21:18). Tuvo sed (Jn 19:28). Fue tentado (Mt 4; Heb 2:18). **Fue repetidas veces llamado hombre** (Jn 1:39; 4:9; 10:38).	**Constante presencia de la divinidad y humanidad** Sus naturalezas no pueden ser separadas.	**Perfectamente equilibrado** Era solemne sin ser triste. Era alegre sin ser frívolo. **Vivió una vida de oración** (Mt 14:23; Lc 6:12). **Un obrero incansable** Trabajó en la obra del Padre (Jn 5:17; 9:4).

32. PROFECÍAS MESIÁNICAS CUMPLIDAS EN CRISTO

(Presentadas en orden de cumplimiento)

Profecía escritural	Tema de la profecía	Cumplimiento escritural
Génesis 3:15	Nacido de la simiente de una mujer	Gálatas 4:4
Génesis 12:2-3	Nacido de la simiente de Abraham	Mateo 1:1
Génesis 17:19	Nacido de la simiente de Isaac	Mateo 1:2
Números 24:17	Nacido de la simiente de Jacob	Mateo 1:2
Génesis 49:10	Descendiente de la tribu de Judá	Lucas 3:33
Isaías 9:7	Heredero al trono de David	Lucas 1:32-33
Daniel 9:25	Tiempo del nacimiento de Jesús	Lucas 2:1-2
Isaías 7:14	Nacido de una virgen	Lucas 1:26-27, 30-31
Miqueas 5:2	Nacido en Belén	Lucas 2:4-7
Jeremías 31:15	La matanza de los inocentes	Mateo 2:16-18
Oseas 11:1	La huída a Egipto	Mateo 2:14-15
Isaías 40:3-5; Malaquías 3:1	Precedido por un precursor	Lucas 7:24, 27
Salmo 2:7	Declarado Hijo de Dios	Mateo 3:16-17
Isaías 9:1-2	Ministerio en Galilea	Mateo 4:13-17
Deuteronomio 18:15	El profeta que vendría	Hechos 3:20, 22
Isaías 61:1-2	Vino a sanar a los quebrantados de corazón	Lucas 4:18-19
Isaías 53:3	Rechazado por los suyos (los judíos)	Juan 1:11
Salmo 110:4	Un sacerdote según el orden De Melquisedec	Hebreos 5:5-6
Zacarías 9:9	La entrada triunfal	Marcos 11:7, 9, 11

32. PROFECÍAS MESIÁNICAS CUMPLIDAS EN CRISTO (continuación)

Profecía escritural	Tema de la profecía	Cumplimiento escritural
Salmo 41:9	Traicionado por un amigo	Lucas 22:47, 48
Zacarías 11:12-13	Vendido por treinta piezas de plata	Mateo 26:15; 27:5-7
Salmo 35:11	Acusado por testigos falsos	Marcos 14:57-58
Isaías 53:7	En silencio frente a los acusadores	Marcos 15:4, 5
Isaías 50:6	Escupido y azotado	Mateo 26:67
Salmo 35:19	Odiado sin razón	Juan 15:24, 25
Isaías 53:5	Sacrificio vicario	Romanos 5:6, 8
Isaías 53:12	Crucificado con los transgresores	Marcos 15:27, 28
Zacarías 12:10	Manos horadadas	Juan 20:27
Salmo 22:7-8	Burlado y mofado	Lucas 23:35
Salmo 69:21	Se le dio vinagre y hiel	Mateo 27:34
Salmo 109:4	Oración por sus enemigos	Lucas 23:34
Salmo 22:18	Los soldados echaron suertes por su ropa	Mateo 27:35
Salmo 34:20	Ningún hueso quebrantado	Juan 19:32-33, 36
Zacarías 12:10	Costado horadado	Juan 19:34
Isaías 53:9	Sepultado con los ricos	Mateo 27:57-60
Salmos 16:10; 49:15	Resucitado de los muertos	Marcos 16:6-7
Salmo 68:18	Ascendería a la diestra de Dios	Marcos 16:19

33. LA PECABILIDAD OPUESTA A LA IMPECABILIDAD DE CRISTO

	Pecabilidad	Impecabilidad
Definición	Cristo podía pecar.	Cristo no podía pecar.
Frase clave	Posibilidad de no pecar (*Potuit non pecare*).	No podía pecar (*non potuit peccare*).
Hebreos 4:15	Cristo fue tentado en todo como nosotros, pero no cometió pecado (el pecado es visto en su resultado). La tentación real admite la posibilidad de sucumbir ante ella.	Cristo fue tentado en todo como nosotros, pero él no tenía una naturaleza pecaminosa (el pecado es visto como naturaleza, estado o existencia).
Cuestión acerca de la verdadera humanidad O verdadera deidad	Si Jesús no podía pecar, ¿cómo podía ser verdaderamente humano?	
Puntos de acuerdo	Las tentaciones de Cristo fueron reales (Heb 4:15). Cristo experimentó la lucha (Mt 26:36 al 46). Cristo no pecó (2 Co 5:2; Heb 7:26; Stg 5:6; 1 P 2:22; 3:18).	

	A favor de la pecabilidad	En contra de la pecabilidad
Argumentos lógicos a favor y en contra de la pecabilidad	Si Cristo podía ser tentado, entonces podía haber pecado. La pecabilidad es una deducción necesaria de la tentabilidad. La tentación implica la posibilidad de pecar.	La tentabilidad no implica susceptibilidad. Que un ejército pueda ser atacado no significa que puede ser conquistado. Esto también procede de la falsa idea de que lo que se aplica a nosotros necesariamente se aplica a Cristo.
	Si Cristo no podía pecar, entonces la tentación no fue real y no puede compadecerse con su pueblo.	A pesar de que las tentaciones de Cristo no son siempre exactamente paralelas a las nuestras, fue probado a través de su naturaleza humana, como nosotros. Sin embargo, no tenía naturaleza pecaminosa y era una persona divina también.
	Si Cristo es impecable, entonces sus tentaciones fueron triviales.	Las tentaciones de Cristo fueron en cada aspecto como las nuestras, excepto en que no se originaron en malos deseos prohibidos. Fue tentado desde afuera, no, desde adentro.
	Si Cristo no podía pecar, entonces no tenía libre albedrío.	Cristo manifestó su libre albedrío al no pecar. Cristo era libre para hacer la voluntad de Dios, no era libre para ir en contra de esa voluntad.

34. TEORÍAS DE LA RESURRECCIÓN DE JESUCRISTO

1. Teorías de la tumba ocupada

Teoría	Explicación	Refutación
De la tumba desconocida Charles. A. Guignebert	El cuerpo de Jesús fue puesto en una tumba común, desconocida para sus discípulos. Entonces, el relato de la resurrección surgió de la ignorancia acerca de la ubicación del cuerpo.	No todos los criminales eran puestos en una tumba común. El Nuevo Testamento pone a José de Arimatea como testigo de la sepultura en una tumba específica familiar. Las mujeres vieron el cuerpo siendo preparado para la sepultura y sabían la ubicación de la tumba. Los romanos sabían dónde estaba la tumba, porque pusieron una guardia allí.
De la tumba equivocada Kirsopp Lake	Las mujeres fueron a la tumba equivocada, porque había muchas similares en Jerusalén. Encontraron una, abierta, y un hombre que negó que esa era la de Jesús. Las mujeres, asustadas, erróneamente, identificaron al hombre con un ángel y huyeron.	Las mujeres no fueron en busca de una tumba abierta, sino sellada. Seguramente, hubieran pasado de largo una abierta, si hubiesen estado inseguras de la ubicación exacta de la tumba correcta. El hombre en la tumba no solo dijo: «No está aquí», sino también: «Ha resucitado». Las mujeres habían visto la ubicación de la tumba setenta y dos horas antes. Los judíos, los romanos y José de Arimatea sabían la ubicación de la tumba y podrían haberla identificado fácilmente como prueba, en contra de la resurrección.
La leyenda Críticos convencionales tempranos	La resurrección fue un invento que evolucionó a través de un largo período, para vindicar a un líder muerto desde hacía tiempo.	La crítica histórica actual ha demostrado que las historias de la resurrección tienen origen a mediados del siglo primero. Pablo, en 1 Corintios (55 d.C.), habla de la resurrección como un hecho y menciona a quinientos testigos oculares, muchos de los cuales estaban vivos, como para que los lectores les preguntaran.
La resurrección espiritual Gnósticos	El espíritu de Jesús fue resucitado, aunque su cuerpo estaba muerto.	Esto niega un entendimiento judío de la resurrección (corporal; no, espiritual). Cristo comió, fue palpado y tocado. Los judíos podían mostrar la tumba ocupada a sus compañeros judíos para probar que la resurrección era falsa.

Adaptado de Josh McDowell, *The Resurrection Factor* [El factor de la resurrección], Here's Life, San Bernardino, CA, 1981. Usado con permiso.

34. TEORÍAS DE LA RESURRECCIÓN DE JESUCRISTO (continuación)

Teoría	Explicación	Refutación
Alucinación Agnósticos	Los discípulos y seguidores de Jesús estaban tan comprometidos emocionalmente con la expectativa mesiánica de Jesús que sus mentes proyectaron alucinaciones del Señor resucitado.	1. ¿Puede ser que más de quinientas personas, en diversas situaciones, con diferentes grados de compromiso con Jesús y distinto entendimiento de sus enseñanzas tuvieran alucinaciones? 2. Muchas apariciones ocurrieron a más de una persona. Esas alucinaciones simultáneas son improbables. 3. Los discípulos no estaban esperando la resurrección de Cristo. Ellos vieron su muerte como definitiva. 4. Los judíos podían haber presentado la tumba ocupada, como prueba de que estaban equivocados.

II. Teorías de la tumba desocupada

Teoría	Explicación	Refutación
El complot de la pascua Hugh Schönfield	Jesús planeó cumplir las profecías del siervo sufriente y del rey gobernante del Antiguo Testamento, a través de una falsa muerte y resurrección. José de Arimatea y un misterioso «joven» eran co-conspiradores. El complot salió mal, cuando el soldado alanceó a Jesús, que, más tarde, murió. El «Señor resucitado» era el joven.	1. La guardia en la tumba es ignorada en la teoría de Schönfield. 2. La base de esta teoría es defectuosa. Los mitos de la resurrección sobre los cuales, supuestamente, Jesús basó su complot no eran evidentes hasta el siglo cuarto DC. 3. Una resurrección de este tipo no explicaría el cambio dramático ocurrido en los discípulos. 4. Solo incluye a cuatro testigos de la resurrección, pero no, a todos los testigos bíblicos, especialmente los quinientos que menciona Pablo, como aún vivos. 5. Todo el complot de soportar la crucifixión (y al hacerlo alienar a sus seguidores nacionales) parece poco probable.
Resucitación (Desvanecimiento) Racionalistas del siglo XVIII	Jesús no murió en la cruz; se desmayó, exhausto. La baja temperatura y las especias lo revivieron.	1. La ciencia médica ha probado que Jesús no podría haber sobrevivido al castigo y a la crucifixión. 2. ¿Podría este Jesús casi muerto dar la impresión de ser el Señor resucitado?

34. TEORÍAS DE LA RESURRECCIÓN DE JESUCRISTO (continuación)

Teoría	Explicación	Refutación
El cuerpo robado por los discípulos Judíos	Los discípulos robaron el cuerpo mientras los guardias dormían.	1. Si los guardias dormían, ¿cómo sabían que los discípulos robaron el cuerpo? 2. Como resultado de dormirse en la guardia, había severos castigos, aun la muerte. La guardia altamente disciplinada, entonces, no se habría dormido. 3. No hay manera en que los discípulos pudieran haber superado la guardia. 4. Es absurdo creer que los discípulos murieron por una mentira que ellos mismos inventaron.
La resurrección existencial Rudolf Bultman	Una resurrección histórica nunca será probada, pero no es necesaria. El Cristo de la fe no necesita ser atado al Cristo histórico. Preferentemente, Cristo resucita en nuestros corazones.	Los discípulos primitivos fueron convencidos por hechos históricos. Ellos afirmaron basar su fe en lo que vieron; no, en una necesidad existencial o en una fe a priori (Lc 24:33-35; 1 Co 15:3-8).
Resurrección histórica Cristianismo ortodoxo	Jesús fue resucitado por el poder de Dios. Él se mostró a sus discípulos y luego ascendió al cielo.	1. Esta visión requiere cambios presuposicionales, fe en Dios, sobrenaturalismo. 2. Esta visión, virtualmente, demanda fe en Jesús.

35. ENSEÑANZAS BÍBLICAS SOBRE EL ESPÍRITU SANTO

Categoría	Descripción/Definición	Referencia bíblica
Nombres	Espíritu Santo	Lucas 11:13; Juan 20:22, Hechos 1:5; Comparar con Salmo 51:11.
	Espíritu de Gracia	Hebreos 10:29
	Espíritu de Verdad	Juan 14:17; 15:26; 16:13; comparar con 1 Juan 5:6
	Espíritu de Sabiduría y Conocimiento	Isaías 11:2; comparar con 61:1-2; 1 Timoteo 1:17
	Espíritu de Gloria	1 Pedro 4:14; comparar con Éxodo 15:11; Salmo 145:5
	Consejero	Juan 14:16; 16:7
Personalidad	Él es la tercera persona de la Deidad, la Trinidad.	Mateo 3:16-17; Juan 14:16; comparar con Hechos 10:38
	Tiene conocimiento	Isaías 11:2; Romanos 8:27; 1 Corintios 2:10-11
	Tiene sentimiento	Isaías 63:10; Efesios 4:30; comparar con Hechos 7.51; Romanos 15:30
	Tiene voluntad	1 Corintios 12:11
Atributos	Es divino	Hechos 5:3-4; 2 Corintios 3:18
	Es eterno	Hebreos 9:14
	Es omnipresente	Salmo 139:7
	Es omnisciente	Juan 14:26; 16:13; 1 Corintios 2:10
Obras	Estuvo activo en la creación	Génesis 1:2; Job 33:4; Salmo 104:30
	Inspiró a los escritores bíblicos	2 Pedro 1:21
	Permitió la concepción de Cristo	Lucas 1:35

35. ENSEÑANZAS BÍBLICAS SOBRE EL ESPÍRITU SANTO (continuación)

Categoría	Descripción/ Definición	Referencia bíblica
Obras (continuación)	Convence de pecado.	Juan 16:8; Comparar con Génesis 6:3
	Regenera.	Juan 3:5-6
	Aconseja.	Juan 14:16-17; 16:7, 12-14
	Trae seguridad de salvación.	Romanos 8:15
	Enseña o ilumina.	Juan 16:12-14; 1 Corintios 2:13
	Ayuda en la oración, a través de la intercesión.	Romanos 8:26-27
	Resucitó a Cristo.	Romanos 8:11; 1 Pedro 3:18
	Llama al servicio.	Hechos 13:4
	Sella la salvación de los elegidos.	Romanos 8:23; 2 Corintios 1:21-22; Efesios 1:13-14; 4:30
	Mora en el creyente.	Romanos 8:9; 1 Corintios 3:16-17; 6:19
	Obra en la iglesia.	1 Corintios 12:7-11
Dones	Fuente de todos los dones para la iglesia	1 Corintios 12:7-11
	Profecía	1 Corintios 14:1-40
	Milagros y sanidad	1 Corintios 12:4, 28-30
	Lenguas	1 Corintios 12:4, 10
	Enseñanza	1 Corintios 12:4, 28
	Fe	1 Corintios 12:8-9
	Servicio	1 Corintios 12:4, 28; Efesios 4:12
	Exhortación	Romanos 12:8; comparar con 1 Corintios 12:4-7

36. TÍTULOS DEL ESPÍRITU SANTO

Título	Énfasis	Citas
Un Espíritu	Su unidad	Efesios 4:4
Siete Espíritus	Su perfección, omnipresencia y completitud	Apocalipsis 1:4; 3:1
El Señor el Espíritu	Su soberanía	2 Corintios 3:18
Espíritu Eterno	Su eternidad	Hebreos 9:14
Espíritu de Gloria	Su gloria	1 Pedro 4:14
Espíritu de Vida	Su vitalidad	Romanos 8:2
Espíritu de Santidad Espíritu Santo El Santo	Su santidad	Romanos 1:4 Mateo 1:20 1 Juan 2:20
Espíritu de Sabiduría Espíritu de Entendimiento Espíritu de Consejo Espíritu de Conocimiento	Su omnisciencia, sabiduría Y consejo	Isaías 11:2; Comparar con 1 Corintios 2:10-13
Espíritu de Poder	Su omnipotencia	Isaías 11:2
Espíritu de Temor del Señor	Su reverencia	Isaías 11:2
Espíritu de Verdad	Su veracidad	Juan 14:17
Espíritu de Gracia	Su gracia	Hebreos 10:29
Espíritu de Gracia y Súplica	Su gracia y disposición a la oración	Zacarías 12:10

Adaptado de Paul Enns, *The Moody Handbook of Theology* [Manual de teología Moody], Moody Press, Chicago, 1989, p. 250. Usado con permiso.

37. LA OBRA DEL ESPÍRITU SANTO EN LA SALVACIÓN

Actividad	Descripción de la actividad	Referencia bíblica
Regeneración	A través del ministerio del Espíritu, una persona es renacida, recibe vida eterna y es renovada.	Juan 3:3-8; 6:63; Tito 3:5
Morada	El Espíritu mora en el creyente. Sin la morada del Espíritu, la persona no pertenece a Cristo.	Juan 14:17; Romanos 8:9, 11; 1 Corintios 3:16; 6:19
Bautismo	Los creyentes son bautizados en el Espíritu Santo por Cristo, uniéndolos a todos en un solo cuerpo.	Mateo 3:11; Marcos 1:8; Lucas 3:16; 1 Corintios 12:13
Sello	Dios sella a los creyentes con el Espíritu Santo, proveyendo una declaración de propiedad y garantía de redención final.	2 Corintios 1:22; Efesios 1:13; 4:30; comparar con Romanos 8:16
Llenura	Se manda a los creyentes a ser «llenos del Espíritu». El ministerio de llenura del Espíritu puede ser dividido en llenura general, relacionada al crecimiento y madurez espiritual, y en cuanto a capacidades especiales dadas por el Espíritu para ciertas tareas para Dios.	Efesios 5:18; comparar con Hechos 4:8; 4:31; 6:3; 9:17; 11:24; 13:9
Guía	Se manda a los creyentes a andar en el Espíritu y a ser guiados por el Espíritu. Él los guarda de la esclavitud del legalismo y provee disciplina y dirección para la vida cristiana.	Gálatas 5:16, 25; comparar con Hechos 8:29: 13:2; 15:7-9; 16:6; Romanos 8:14
Poder	La morada del Espíritu provee victoria en la vida cristiana, el desarrollo del fruto cristiano y la capacidad de vencer la obra de Satanás.	Romanos 8:13; Gálatas 5:17-18, 22-23
Enseñanza	Jesús prometió que, cuando el Espíritu viniese, guiaría a los creyentes a la verdad. El Espíritu ilumina la mente del creyente para revelarle la voluntad de Dios, a través de su Palabra.	Juan 14:26; 16:13; 1 Juan 2:20, 27

38. CUATRO GRUPOS DE DONES ESPIRITUALES

1 Corintios 12:8-10	1 Corintios 12:29-30	Romanos 12:6-8	Efesios 4:11
Palabra de sabiduría			
Palabra de conocimiento			
Dones para sanar enfermos	Dones para sanar enfermos		
Poderes milagrosos	Poderes milagrosos		
Profecía	Profecía	Profecía	Profecía
Discernimiento de espíritus	Discernimiento de espíritus		
Lenguas	Lenguas		
Interpretación De lenguas			
	Apóstoles		Apóstoles
	Maestros	Enseñar	Enseñar (o pastor maestro)
	Ayuda		
	Administración		
		Ministrar	
		Animar a otros	
		Dar	
		Liderazgo	
		Mostrar compasión	
			Evangelistas
			Pastores

39. RESUMEN DE DONES ESPIRITUALES

Don	Descripción	Resultado	Ejemplo
Profecía προφητεια Ro 12:6 1 Co 14:29-32	Hablar verdad directamente revelada por Dios	Comprensión los misterios (1 Co 13:2).	Timoteo (1 Ti 4:14). Hijas de Felipe (Hch 21:8-9).
Servicio, Ayuda διακονια Ro 12:7	Ayudar a otros a realizar la obra de Dios. Dar asistencia práctica a miembros de la iglesia.	Servicio a la iglesia y a los necesitados (Hch 6:1).	Onesíforo (2 Ti 1:16).
Enseñanza διδασκαλια Ro 12:7 1 Co 12:28 Ef 4:11	Comunicar las verdades y aplicaciones de la Escritura.	Entendimiento de la Palabra de Dios (Hch 18: 26).	Priscila y Aquila (Hch 18:26). Apolos (Hch 18:27 y 28). Pablo (Hch 18:11).
Animar a otros παρακλησις Ro 12:8	Animar a otro a seguir una conducta correcta, o consolar.	Ánimo (Hch 9: 27).	Bernabé (Hch 4:36).
Dar μεταδιδωμι Ro 12:8	Impartir liberalmente y alegremente bienes a la obra de Dios.	Satisfacción de necesidades materiales (Hch 9.36).	Dorcas (Hch 9:36).
Liderazgo προιστημι Ro 12:8	Organizar y administrar la obra del ministerio.	Orden (Tit 1:5).	Tito (Tit 1:5).

39. RESUMEN DE DONES ESPIRITUALES (continuación)

Don	Descripción	Resultado	Ejemplo
Misericordia ελεεω Ro 12:8	Dar ayuda inmerecida a otros.	Compasión, conmiseración hacia otros.	Bernabé (Hch 9:27).
Apostolado αποστολος 1 Co 12:28 Ef 4:11	Ser un testigo ocular del Cristo resucitado y hablar con autoridad acerca de la fe y de la práctica.	Exposición de los preceptos de Dios para la iglesia (1 Co 14:37).	Pablo (Gá 1:1). Pedro (1 P 1:1).
Evangelismo ευαγγελιστης Ef 4:11	Presentar el evangelio con claridad y con una carga por los perdidos.	Comprensión del evangelio.	Felipe (Hch 21:8).
Pastor/Maestro ποιμην Ro 12:7; Ef 4:11	Pastorear y enseñar a la iglesia.	Cuidado e instrucción piadosa (Hch 20:28:31).	Pablo (1 Ts 2:7-12).
Palabra de sabiduría λογος σοφιασ 1 Co 12:8	Percibir y presentar la verdad de Dios. Aplicar la palabra o la sabiduría de Dios a situaciones específicas	Habilidad para tomar y aplicar la revelación dada.	Juan (1 J 1:1-3).
Palabra de ciencia λογος γ νωσεως 1 Co 12:8	Comprender y mostrar la sabiduría de Dios. La revelación de Dios acerca de las personas, circunstancias, o de la verdad bíblica.	La verdad entendida en sentido espiritual (1 Co 2:6-12).	Pablo (Col 2:2-3).

39. RESUMEN DE DONES ESPIRITUALES (continuación)

Don	Descripción	Resultado	Ejemplo
Fe πιστις 1 Co 12:9	Confiar en Dios implícitamente para realizar hechos inusuales.	Logros de grandes tareas.	Esteban (Hch 6:5).
Sanidad ιαμα 1 Co 12:9	Curar enfermedades.	Sanidad completa (Hch 3:6-7).	Pedro y Juan (Hch 3:6-7). Pablo (Hch 20:9-12).
Milagros δυναμις 1 Co 12:10	Poder realizar obras de poder.	Temor de Dios en las personas (Hch 5:9-11).	Pablo (Hch 13:8-11).
Discernimiento διακρισις 1 Co 12:10	Distinguir por qué poder habla un profeta o maestro.	Descubrir a los falsos maestros (1 J 4:1).	Los creyentes de Corinto (1 Co 14:29).
Lenguas γλωσσα 1 Co 12:10	Hablar en un idioma no conocido por el hablante.	Alabanza a Dios comprendida por aquellos que conocen el idioma hablado (Hch 2:1-12). Acción de gracias a Dios, que puede ser entendida, si alguien interpreta el idioma hablado (1 Co 14:5, 16, 27-28).	Los discípulos
Interpretación ερμηνεια 1 Co 12:10	Hacer las «lenguas» entendibles.	Confirmación del idioma extranjero (1 Co 14:27-28).	

40. PUNTOS DE VISTA SOBRE LAS «LENGUAS»

Categoría	Tradicional	Pentecostal	Carismático
Naturaleza de las lenguas	Las lenguas, en Hechos, son idiomas humanos; mientras que, en 1 Corintios, son humanos, celestiales o angélicos, o manifestaciones extáticas.	Las lenguas, en Hechos, son idiomas humanos; mientras que, en 1Corintios, son lenguajes angélicos o celestiales.	Las lenguas, en Hechos, son idiomas humanos; mientras que, en 1 Corintios, son lenguajes celestiales o angélicos.
Contenido de las lenguas	Glossolalia es hablar con Dios en un idioma que uno no ha estudiado. Algunos creen que los relatos del Nuevo Testamento acerca de las «lenguas» se relacionan con un idioma conocido o factible de serlo, que es usado para alabar o dar gracias a Dios. Nunca significa que las lenguas son equivalentes a la profecía, en ser dirigidas a las personas.	Las lenguas pueden ser una oración a Dios o el medio por el cual Dios habla a su pueblo, equivalente a la profecía, si es interpretada.	Las lenguas pueden ser una oración a Dios o el medio por el cual Dios habla a su pueblo, equivalente a la profecía, Si es interpretada.
Necesidad de las lenguas	Los dispensacionalistas creen que las lenguas tuvieron un valor limitado en la iglesia primitiva, para demostrar el cambio de Dios de Israel a la iglesia. La mayoría está de acuerdo en que, también, fueron usadas para edificar la iglesia, cuando eran acompañadas por el don de interpretación de lenguas. Hoy, no son necesarias.	Las lenguas no solamente implican la presencia y el poder del Espíritu, sino que también proveen la habilidad de hablar a Dios, a través del Espíritu, acerca de asuntos que la mente no puede expresar. El don de lenguas es dado, también, a algunos cristianos, para expresar la voluntad de Dios.	No todos los cristianos hablarán en lenguas, y el Espíritu está presente en todo cristiano; pero un poder especial viene a través de liberar el poder del Espíritu por las lenguas, dadas a algunos cristianos para manifestar la voluntad de Dios a la iglesia, para su edificación.
Propósito de las lenguas	El propósito principal de las lenguas era demostrar el cambio de la nación de Israel a las naciones de todo el mundo. No son una indicación normativa de que alguien ha recibido el Espíritu de Dios o un segundo bautismo del (o en el) Espíritu.	Las lenguas son la evidencia inicial y necesaria de que uno ha recibido el Espíritu o su poder, por medio del bautismo del Espíritu Santo. Además, son usadas por el creyente lleno del Espíritu en una oración más eficaz. Los pentecostales difieren en cuanto a si uno recibe el Espíritu de Dios en el momento de la conversión o solamente en el bautismo del Espíritu.	Las lenguas son un indicador (pero no el único) de que uno tiene la llenura del Espíritu de Dios. Todos los cristianos tienen el Espíritu desde la conversión, pero la llenura viene a través de dejar a Dios tomar el control de la vida. Esta no es una segunda bendición, sino un reconocimiento del poder de Dios. Las lenguas ayudan a orar en el Espíritu.
Duración de las lenguas	Las lenguas cesaron luego de completarse el Nuevo Testamento. No hay evidencia confiable, hoy, del don milagroso de hablar en idiomas extranjeros.	Las lenguas han continuado a través de las edades, resurgiendo en varios períodos de la historia de la iglesia, cuando se daba un mayor deseo por la espiritualidad.	Las lenguas han continuado a través de las edades, resurgiendo en varios períodos de la historia de la iglesia, cuando se daba un mayor deseo por la espiritualidad.

41. UNA COMPARACIÓN DE ÁNGELES, HUMANOS Y ANIMALES

Categoría	Ángeles	Humanos	Animales
Imagen de Dios	No	Sí	No
Naturaleza/ Existencia *Cuerpo*	Inmaterial/espíritu Influencia a través de los humanos Sin matrimonio ni reproducción	Inmaterial/física Influencia por los espíritus Matrimonio/reproducción	Material/física Sin matrimonios, Con reproducción
Personalidad	Personalidad completa Énfasis en la voluntad/obediencia	Personalidad completa. Énfasis en la voluntad/obediencia.	Personalidad parcial Énfasis en la subordinación.
Pecado	Rebelión, soberbia: deseo de ser «como Dios»	Rebelión, soberbia: deseo de ser «como Dios»	Sin moral, derivado del hombre o de Satanás (Gn. 3).
Relación con Dios	Directa Celestial/terrenal	Directa Terrenal/celestial	Indirecta Terrenal, bajo el hombre
Función/Propósito	Influencia sobre la tierra, bajo Dios	Dominio en la tierra, bajo Dios.	Servicio en la tierra, bajo el hombre

Adaptado de cuadro de Lanier Burns. Usado con permiso.

42. HIJOS DE DIOS EN GÉNESIS 6

Posición	Criaturas angélicas	Setitas apóstatas	Déspotas ambiciosos
Personas	Ángeles caídos que cohabitan con mujeres hermosas.	Setitas impíos que se casaron con cainitas depravadas.	Caudillos despóticos que se casaron con varias esposas.
Perversión	Perversión de la raza humana por la intrusión de los ángeles.	Contaminación de la línea piadosa por matrimonios mixtos.	Poligamia en los príncipes cainitas, para expandir los dominios.
Progenie	Gigantes monstruosos.	Tiranos malvados.	Gobernadores dinásticos.
Pruebas	La referencia a los ángeles como los «hijos de Dios».	El énfasis sobre el hombre, en el contexto.	La antigüedad de esta interpretación.
	El Nuevo Testamento hace referencia al pecado angélico de Génesis 6, en 2 Pedro 2: 4 y 5 y Judas 6 y 7.	La base para el pecado humano como la razón del diluvio.	El uso bíblico de «dios» para gobernadores y jueces.
	La antigüedad de este punto de vista.	El desarrollo temático de Génesis 4 y 5.	La referencia, en el contexto, al desarrollo de dinastías malvadas.
	La explicación satisfactoria de que algunos ángeles están atados, y otros, no.	La aversión, en Génesis y otros lugares, a los matrimonios mixtos entre los piadosos y los impíos.	La práctica del Cercano Oriente de llamar a los reyes «hijos de Dios».
			La referencia, en los relatos antiguos, al origen de la monarquía, justo, previamente al diluvio.
Problemas	Las imposibilidades psicológicas de los matrimonios angélicos.	La dificultad textual de hacer que los «hombres» de Génesis 6:1 sean diferentes a los «hombres» del verso 2.	La falta de evidencia de que tal sistema fuese establecido en la línea de Caín.
	La probabilidad de que «hijos de Dios» se refiera a los hombres, ya que se usa en otro lugar de ese modo.	La ausencia del término exacto «hijos de Dios» para creyentes del Antiguo Testamento.	No hay prueba de que «hijos de Dios» fuera una frase tomada de la literatura contemporánea.
		No explica el origen de los gigantes y hombres grandes, a través de los matrimonios mixtos en lo religioso.	El hecho de que ningún escritor bíblico haya, alguna vez, considerado a los reyes como divinidades.
Proponentes	Albright, Gaebelein, Kelly, Unger, Waltke, Delizsch, Bullinger, Larkin, Pember, Wuest, Gray, Torrey, Meyer, Mayor, Plummer, Alford, Ryrie, Smith.	Hengstenberg, Keil, Lange, Jamieson, Fausset, Brown, Henry, Scofield, Lincoln, Murray, Baxter, Scroggie, Leupold.	Kaiser, Birney, Kline, Cornfeld, Kober.

43 ENSEÑANZA BÍBLICA SOBRE LOS ÁNGELES

	No caídos	Caídos
Origen	Los ángeles fueron creados como seres santos (Mr 8:38) por Dios (Col 1:16), antes de la creación de la tierra (Job 38:7), por decreto (Sal 148:2, 5).	
Naturaleza	Los ángeles fueron creados con la habilidad de relacionarse y con una personalidad expresada por intelecto (1 P 1:12), emoción (Job 38:7) y voluntad (Is 14:12 al 15); pero nunca se dice que son a la imagen de Dios, como el hombre. Son seres localizables (Dn 9:21-23), inmortales (Lc 20:36) y tienen conocimiento limitado (Mt 24:36). Normalmente, son invisibles (Col 1:16); pero han aparecido a personas, en la forma de seres masculinos (Gn 18:1-8); a veces, de hombres inusuales (Dn 10:5-6); en ocasiones, con algún tipo de manifestación supernatural (Mt 28:3) y como criaturas inusitadas que viven en el cielo (Ap 4:6-8). Habitualmente, su apariencia afecta al ser humano en cuestión, que responde con temor y agitación (Lc 1:29).	
Condición espiritual	Aunque todos los ángeles fueron creados buenos, ahora hay dos clasificaciones morales: santos y elegidos (Mr 8:38; 1Ti 5:21), Y malignos y sucios (Lc 8:2; 11:24-26). Están del lado de Dios (Jn 1:51) o de Satanás (Mt 25:41).	
Semejanzas con el hombre	Creados por Dios, localizables, rinden cuenta ante él (Jn 16:11); son limitados en conocimiento (Mt 24:36).	
Diferencias con el hombre	Pertenecen a un orden diferente de seres (Heb 2: 5-7); son invisibles, no procrean (Mt 22:28-30); son mayores en inteligencia, fuerza y rapidez (2 P 2:11); no están sujetos a la muerte física.	
Clasificaciones	Poderes, autoridades, potestades que sujetan este mundo (Ef 6:12); dominios (Ef 1:21), tronos (Col 1:16).	
Propósito	Servir a Dios en adoración (Ap 4:6-11), en ministerio (Heb 1:7), como sus mensajeros (Sal 103:20); actuar en el gobierno de Dios (Dn 10: 13, 21), proteger a su pueblo (Sal 34:7) y ejecutar sus juicios (Gn 19:1).	Promover el programa satánico de oposición a Dios (Ap 12:7), impulsando la rebelión (Gn 3), la idolatría (Lv 17:7), las religiones falsas (1 Jn 4:1-4) y la opresión de la humanidad.
Relación con los creyentes	Revelan la verdad (Gá 3:19), guían (Mt 1: 20-21), proveen a la satisfacción de necesidades físicas (1 R 19:6), protegen (Dn 3:24-28), libran (Hch 5:19-20), actúan en respuesta a la oración (Dn 9:20-24), acompañan a los muertos (Lc 16:22).	Libran la guerra (Ef 6:10-18), acusan (Ap 12:10), plantan dudas (Gn 3:1-3), tientan al pecado (Ef 2:1-3), persiguen (Ap. 12:13), obstaculizan el servicio (1 Ts 2:18), molestan a la iglesia (2 Co 2:10 11).
Relación con Cristo en la tierra	Anunciaron el nacimiento de Jesús (Lc 1:26-38), guiaron a José a la seguridad (Mt 2:14), ministraron a Cristo (Mt 4:11; Lc 22:43); anunciaron su resurrección (Mt 28:2-4), ascensión y regreso (Hch 1:11).	Satanás tentó a Cristo (Mr 1:13), llevó a la gente a traicionarlo y matarlo (Lc 22:3-4); Cristo expulsó demonios y, finalmente, los venció en la cruz (Col 2:15).
Lugar de morada	Habitan en la presencia de Dios (Is 6:1-6), en reinos celestiales (Ef 3:10).	Reinos celestiales (espirituales) (Ef 6:12); el abismo (Ap 9:11); prisiones de oscuridad (Jud 6).
Destino	La presencia de Dios y la de Cristo, en su reino (Ap 21-22).	Vencidos por Cristo (Col 2:15), lanzados al abismo durante el milenio (Ap 20:1-2); arrojados al lago de fuego, como castigo final (Ap 20:10).
Ángeles específicos	Miguel, Gabriel	Satanás

44. LA DOCTRINA DE SATANÁS Y LOS DEMONIOS

Satanás
Heb. *sätän*, Gr. *satanas*, un adversario, oponente (1 Cr 21:1; Job 1:6; Jn 13:27; Hch 5:3; 26:18; Ro 16:20)

Nombres y títulos	Escritura	Doctrina de Satanás categorizada
Abadón	Ap 9:11	**Descripción:** Astuto (Gn 3:1), incitador (1 Cr 21:1), dueño de todos los reinos y de la gloria de este mundo (Mt 4:8), asesino; sin verdad (Jn 8:44), lleno de todo tipo de engaño y de fraude, enemigo de toda justicia y que tuerce los caminos rectos del Señor (Hch 13:10).Hace milagros, señales y prodigios falsos (2 Ts 2:9). Pecador desde el principio (1 Jn 3:8), engañador del mundo entero (Ap 12:9). Puede aparecer como un ángel de luz (2 Co 11:14). Guía a sus seguidores (1 Ti 5:15). Sus hijos son llamados cizaña (Mt 13:38).
Acusador de los hermanos	Ap 12:10	
Adversario	1 P 5:8	
Ángel del abismo	Ap 9:11	
Apolión	Ap 9:11	
Belcebú	Mt 12:24; Mr 3:22; Lc 11:15	
Belial	2 Co 6:15	
El diablo	Mt 4:1; Lc 4:2; Ap 20:2	**Actividades/Obras:** Descripción general. Incita (1 Cr 21:1), rodea la tierra y la recorre de un extremo al otro (Job 1:7), puede causar enfermedades físicas (Job 2:7), puede atar a las personas (Lc 13:16), ciega espiritualmente a los incrédulos (2 Co 4:4),dispara dardos de fuego (Ef 6:16), obstaculiza (1 Ts 2:18), condena y pone trampa (1 Ti 3:6-7), busca para devorar (1 P 5:8), arrebata la Palabra de Dios sembrada (Mt 13:19), quiere tomar ventaja (2 Co 2:11), se transforma en un ángel de luz (2 Co 11:14). Ejemplos específicos: Mordió el talón de Cristo (Gn 3:17), tentó a Jesús (Mt 4:1), quiso zarandear a Simón como a trigo (Lc 22:31), entró en Judas y lo llevó a traicionar a Jesús (Jn 13:2,27), llenó el corazón de Ananías para mentir (Hchc 5:3), pondrá a algunos en prisión (Ap 2:10).
Enemigo	Mt 13:39	
Espíritu maligno	1 S 16:14	
Padre de mentira	Jn 8:44	
Dragón rojo	Ap 12:3	
Mentiroso	Jn 8:44	
Espíritu mentiroso	1 R 22:22	
Homicida	Jn 8:44	
Serpiente antigua	Ap 12:9; 20:2	
Dominio de la oscuridad	Col 1:13	
Príncipe de este mundo	Jn 12:31	**Limitaciones:** Debe recibir permiso de Dios (Job 1:12); fue herido en la cabeza por Cristo, su talón mordido por Satanás (Gn 3:15), puede ser resistido (Stg 4:7), puede ser vencido (1 Jn 2:13), vencido por la sangre del Cordero (Ap 12:11), no llega a tocar a los que han nacido de Dios (1 Jn 5:18).
Príncipe de los demonios	Mt 12:24	
Príncipe de la potestad del aire	Ef 2:2	
Potestades de este mundo de tinieblas	Ef 6:12	
Serpiente	Gn 3:4, 14; 2 Co 1:3	**Destino:** Su cabeza fue aplastada por Cristo (Gn 3:15), será abatido por el Dios de paz (Ro 16:20), su dominio de la muerte será anulado por Jesús (Heb 2:14), sus obras serán destruidas por el Hijo de Dios (1 Jn 3:8). Será atado por mil años (Ap 20:1), arrojado al abismo (Ap 20:3) y luego, liberado de su prisión, para engañar a las naciones (Ap 20:8). Será arrojado al lago de fuego (Ap 20:10), reprendido por el Señor (Zac 3:2), destinado al fuego eterno (Mt 25:41), arrojado desde el cielo (Lc 10:18) y juzgado por el Señor (Jn 16:11).
Espíritu que ahora ejerce su poder en los que viven en la desobediencia	Ef 2:2	
Tentador	Mt 4:3; 1 Ts 3:5	
El dios de este mundo	2 Co 4:4	
Espíritu impuro	Mt 12:43	
El maligno	Mt 13:19, 38	

44. LA DOCTRINA DE SATANÁS Y LOS DEMONIOS (continuación)

	Demonios	
	Gr. *daimon, daimonion*, espíritus caídos	
Apariciones en la Escritura	**Escritura**	**Doctrina de los demonios categorizada**
Prohibición de adorar demonios	Lev 17:7; Dt 32:17; 2 Cr 11:15; Sal 106:37; Zac 13:2; Mt 4:9; Lc 4:7; Ap 9:20; 13:4	**Descripción:** Ángeles caídos con Satanás (Mt 12:24), divididos en dos grupos: uno está activo para oponerse al pueblo de Dios (Ap 9:14; 16:14) y otro, confinado a prisión (2 P 2:4; Jud 6); son inteligentes (Mr 1:24), conocen su destino (Mt 8:29) y el plan de salvación (Stg 2:19), tienen su propia doctrina (1 Ti 4:1-3).
Ejemplos de posesión	1 S 16:14-23; 18:10-11; 19:9, 10	
Dos hombres de los gadarenos	Mt 8:28-34; Mr 5:2-20	
El hombre mudo	Mt 9:32-33	
El hombre ciego y mudo	Mt 12:22; Lc 11:14	
La hija de la sirofenicia	Mt 15:22-29; Mr 7:25-30; Lc 9:37-42	**Actividades/Obras:** Buscan obstaculizar el plan de Dios (Dn 10:10-14; Ap 16:13-16), producen enfermedades (Mt 9:33; Lc 13:11-16), poseen animales (Mr 5:13), promueven falsa doctrina (1 Ti 4:1), influencian a las naciones (Is 14; Ez 28; Dn 10:13; Ap 16:13-14), poseen incrédulos (Mt 9:32-33; 10:18; Mr 6:13).
El lunático	Mt 17:14-18; Mr 9:17-27	
El hombre en la sinagoga	Mr 1:23-26; Lc 4:33-35	
El ato de cerdos	Mt 4:24; 8:16, 30-32; Mr 3:22; Lc 4:41	
Poder dado a los discípulos	Mt 10:1; Mr 6:7; 16:17	
Expulsados por los discípulos	Mr 9:38; Hch 5:16; Hch 8:7; 16:16-18; 19:12	
Los discípulos no pueden expulsar	Mr 9:18, 28-29	**Limitaciones:** Limitados en espacio como los ángeles no caídos (Mt 17:18; Mr 9:25); son usados por Dios para sus propósitos, cuando él lo desea (1 S 16:14; 2 Co 12:7); pueden ser expulsados y volver a la persona a la que poseían (Lc 11:24-26).
Los hijos Esceva	Hch 19:13-16	
Parábola del hombre reposeído	Mt 12:43-45	
Acusación falsa sobre Jesús	Mr 3:22-30; Jn 7:20; 8:48; 10:20	
Testifican de la deidad de Jesús	Mt 8:29; Mr 1:23, 24; 3:11; 5:7; Lc 8:28; Hch 19:15	
Adversarios de las personas	Mt 12:45	**Destino:** Algunos, libres en los tiempos de Cristo, han sido lanzados al abismo (Lc 8:31); otros confinados, hoy, serán liberados durante la tribulación (Ap 9:1-11; 16:13-14), serán lanzados junto con Satanás al lago de fuego eterno (Mt 25:41).
Enviados para causar problema entre Abimélec y los señores de Siquén	Jue 9:23	
Dieron mensajes a falsos profetas	1 R 22:21-23	
Creen y tiemblan	Stg 2:19	
Serán juzgados	Mt 8:29; 2 P 2:4; Jud 6	
Castigados	Mt 8:29; 25:41; Lc 8:28; 2 P 2:4; Jud 6; Ap 12:7-9	
Posesión (María Magdalena)	Mr 16:9; Lc 8:2, 3	

45. NOMBRES DE SATANÁS

Título	Énfasis	Mención
Satanás	Adversario	Mateo 4:10
Diablo	Calumniador	Mateo 4:1
Maligno	Intrínsecamente malvado	Juan 17:15
Gran dragón rojo	Criatura destructiva	Apocalipsis 12:3, 7, 9
Serpiente antigua	Engañador en el Edén	Apocalipsis 12:9
Abadón	Destrucción	Apocalipsis 9:11
Apolión	Destruidor	Apocalipsis 9:11
Adversario	Oponente	1 Pedro 5:8
Belcebú	Señor de la mosca (Beelzebú)	Mateo 12:24
Belial	Sin valor (Beliar)	2 Corintios 6:15
Dios de este mundo	Controla la filosofía de este mundo.	2 Corintios 4:4
Príncipe de este mundo	Gobernador en el sistema mundial.	Juan 12:31
Príncipe de la potestad del aire	Tiene control sobre los incrédulos.	Efesios 2:2
Enemigo	Oponente	Mateo 13:28; 1 Pedro 5:8
Tentador	Tienta a las personas al pecado.	Mateo 4:3
Homicida	Lleva a las personas a la muerte eterna.	Juan 8:44
Mentiroso	Pervierte la verdad.	Juan 8:44
Acusador	Se opone a los creyentes ante Dios.	Apocalipsis 12:10

Adaptado de Paul Enns, *The Moody Handbook of Theology* [Manual de teología Moody], Moody Press, Chicago, 1989, p.293. Usado con permiso.

46. TEORÍAS ACERCA DE LA CONSTITUCIÓN DEL HOMBRE

Dicotomía	
El hombre como un ser de dos aspectos	
Argumentos a favor	**Argumentos en contra**
Dios sopló en el hombre un solo principio: el alma humana (Gn 2:7).	El texto hebreo es plural, «Y Dios el Señor formó al hombre del polvo de la tierra, y sopló en su nariz hálito de vida (vidas), y el hombre se convirtió en un ser viviente».
La parte inmaterial del hombre (el alma) se ve como una vida individual y consciente, capaz de poseer y animar un organismo físico (el cuerpo).	Pablo afirma que el hombre tiene tanto un espíritu como un alma, que residen en el cuerpo físico (1 Ts 5:23).
Los términos «alma» y «espíritu» parecen ser usados recíprocamente, en algunas referencias (Gn 41:8 y Sal 42:6; Mt 20:28 y 27:50; Jn 12:27 y 13:21; Heb 12:23 y Ap 6:9).	Heb 4:12 habla de la separación del alma del espíritu. Si fueran lo mismo, no podrían ser separados.
«Espíritu» (al igual que «alma») se atribuye a la creación animal (Ec 3:21; Ap 16:3).	Los términos «espíritu» o «alma» pueden ser usados para la «vida» o «alma» animal, pero nunca, en el sentido único en el que son usados con referencia al hombre. Los espíritus humanos continúan más allá de la existencia física, a diferencia de los animales, y, además, están en relación con el espíritu de Dios. (Mt 17:3; Hch 7:59; Gá 6:8; 1 Ts 5:23; Ap 16:3)
Se habla del cuerpo y el alma como lo que constituye a la persona entera (Mt 10:28; 1 Co 5:3; 3 Jn 2)	1 Co 2:14; 1 Ts 5:23
La conciencia testifica que hay dos elementos en el ser del hombre. Podemos distinguir una parte material y una inmaterial, pero ninguna conciencia puede distinguir entre el alma y el espíritu.	Es el espíritu del hombre el que trata con el reino espiritual. El alma es la dimensión del hombre que trata con el terreno mental, el intelecto, los sentimientos y la voluntad: es la parte que razona y piensa. El cuerpo es la parte del hombre que se contacta con el reino físico. Hebreos 4:12 habla literalmente de la separación del alma del espíritu. (1 Ts 5:23; comparar con Jn 3:7;Ro 2:28-29; 1 Co 2:14;14:14)

46. CONSTITUCIÓN DEL HOMBRE (continuación)

| Tricotomía |
| El hombre como un ser tripartito |

Argumentos a favor	Argumentos en contra
Gn 2:7 no declara absolutamente que Dios hizo un ser dicotómico. El texto hebreo es plural: «Y Dios el Señor formó al hombre del polvo de La tierra, y sopló en su nariz hálito de vida (vidas), y el hombre se convirtió en un ser viviente».	No se dice que el hombre reconvirtió en alma y espíritu. Además, «ser viviente» es la misma frase usada para animales y traducida «criatura viviente» (Gn 1: 21-24).
Pablo parece pensar en cuerpo, alma y espíritu como tres partes diferentes de la naturaleza del hombre (1 Ts 5:23). Lo mismo parece indicar Hebreos 4:12, donde la palabra dice que penetra «hasta lo más profundo del alma y del espíritu, hasta la médula de los huesos».	Pablo está enfatizando la persona completa, No intenta diferenciar sus partes. Hebreos 4:12 no habla acerca de la separación del alma del espíritu, sino de la separación en sí, extendiéndose a ese punto. La Palabra penetra hasta partir el alma misma y el espíritu mismo. El alma y el espíritu están tendidos abiertos.
Una organización tripartita de la naturaleza del hombre podría implicarse en la clasificación del hombre como «natural», «carnal» y «espiritual», en 1 Co 2:14, 3:1-4 (RV).	Se habla del cuerpo y del alma como lo que constituye a la persona entera. (Mt 10:28; 1 Co 5:3; 3 Jn 2).
En Lucas 8:55, leemos acerca de la niña que Jesús resucitó, que «su espíritu (pneuma) volvió». Así, cuando Cristo murió, dice que «Dio su vida», «entregó el espíritu» (Mt 27:50). «El cuerpo sin espíritu está muerto» (Stgo 2:26). *Pneuma* se refiere a un principio de vida diferente al alma.	*Pneuma* (espíritu) y *psique* (alma) se usan recíprocamente a lo largo del Nuevo Testamento. Ambos representan un principio de vida.

47. LAS DIMENSIONES DEL *IMAGO DEI*

**La imagen de Dios en el hombre
ha sido desfigurada, pero no, borrada.**

(Gn 9:6; 1 Co 11:7; Stg 3:9).

Dimensión racional	Le fue dada al hombre responsabilidad para ejercer dominio sobre la tierra (Gn 1:26-28; Sal 8:4-9). Se le encomendó a Adán el cuidado del huerto. Adán nombró a los animales (Gn 19-20). Adán reconoció que la mujer era una ayuda idónea para él (Gn 2:22-24; comparar con 2:20).
Dimensión espiritual	Adán y Eva tenían comunión con Dios (Gn 3:8). Adán y Eva temieron a Dios luego de pecar (Gn 3:10).
Dimensión moral	Dios dio a Adán y a Eva un mandamiento moral (Gn 2:17). Ellos tenían un sentido de la rectitud moral (Gn 25). Experimentaron la culpa, luego de su transgresión (Gn 3:7). Esto parece indicar que la imagen incluía la justicia original (Gn 1:31; Ec 7:29).
Dimensión social	Adán y Eva (probablemente) conversaban entre ellos (Gn 2:18, 23; 3:6-8; 4:1).

47. LAS DIMENSIONES DEL *IMAGO DEI*

48. PUNTOS DE VISTA SOBRE LA NATURALEZA DEL *IMAGO DEI*

Punto de vista	Apoyo	Problemas
Punto de vista sustantivo La imagen de Dios consiste en una característica definida física, psicológica y/o espiritual dentro de la naturaleza del hombre.	Imagen (*tselem*) en Génesis 1:26 puede ser traducida «estatua»; entonces, el pasaje podría leerse: «hagamos al hombre para que se vea como nosotros». En Juan 1:14-18 y en otros lugares, también dice que Jesús era Dios y que él tenía un cuerpo humano.	Este punto de vista define a Dios a través de la descripción del hombre. Dios es espíritu (ver Jn 4:24). ¿De qué manera, entonces, nuestro cuerpo físico representa a Dios? Además, las aves y otros animales tienen cuerpos, y no se dice que hayan sido hechos a la imagen de Dios (Ver Gn 1:20-23).
Punto de vista funcional La imagen de Dios consiste en lo que el hombre hace.	Génesis 1:26-28 expresa claramente que el hombre está para ejercer dominio o gobernar sobre el resto de la creación. Dios claramente gobierna.	Génesis 1:27 indica que Dios creó al hombre a su imagen, antes de darle dominio. Entonces, el *Imago Dei* debe ser otra cosa y, no, la capacidad para el dominio.
Punto de vista relacional Solo cuando tenemos fe en (por ejemplo «interactuar con») Jesucristo poseemos completamente la imagen de Dios.	Dios creó al «hombre» varón y hembra (Gn 1:26-27), indicando el aspecto relacional de Dios en la humanidad. También, Éxodo 20, Marcos 12:28-31 y Lucas 10:26-27 sugieren las dimensiones relacionales de Dios y la humanidad. La Palabra de Dios completa registra la naturaleza relacional de Dios.	Génesis 9:6 y Santiago 3:9 ponen en claro que el hombre no regenerado también ha sido creado a la imagen de Dios.
Punto de vista reformado La imagen de Dios, en el hombre, es la propensión de la conciencia del hombre y su verdadero conocimiento. Parte de la imagen de Dios en el hombre (por ej., su «imagen natural») es oscurecida; pero, no, destruida por el pecado; Y parte de la «imagen moral» de Dios es perdida en el hombre -como resultado del pecado-, pero restaurada por Cristo.	Parte de la imagen de Dios en el hombre es su moral espiritual, un ser inmortal, que ha sido «deformada pero no borrada» (ver Gn 8:15-9:7; Sal 8:4-9; 1 Co 11:7; 15:49; Stg 3:9; Heb 2:5-8). El conocimiento del hombre de la justicia y la santidad es perdido por causa del pecado y restaurado por Cristo (Ver Ef 4:22-25; Col 3:9-10). Dios es consciente y posee verdadero conocimiento.	Génesis 1:26-28 no se refiere a divisiones de la imagen de Dios; preferentemente, habla de una.

49. TEORÍAS DE LA JUSTICIA ORIGINAL

Punto de vista	Argumento
Pelagiano	Hay libre albedrío; no hay nada como la justicia original.
	«El hombre fue dotado de la razón para poder conocer a Dios; con libre albedrío para elegir y hacer el bien y con la facultad necesaria para regir a la creación inferior».
	«Todo el bien y el mal, por el cual somos loables o culpables, no se origina con nosotros, sino que nosotros lo hacemos. Nacemos con la capacidad de hacer tanto uno como otro, pero no somos llenos de bien ni de mal. Es decir, fuimos hechos sin virtud ni defecto; antes de la acción de su propia voluntad, en el hombre solo hay lo que Dios hizo».
Tomás de Aquino	La justicia es un don agregado luego de la creación del hombre.
	La santidad primitiva fue, simplemente, un talento o don sobrenatural. Como tal, debería ser ajeno a la naturaleza de Adán y conferido, posteriormente, a su creación completa.
	«Dios formó al hombre del barro (...) Pero, en cuanto a su alma, la hizo a su imagen y semejanza. Luego, le agregó el don admirable de la justicia original».
Agustiniano	La justicia es parte de la naturaleza humana original.
	Era una cualidad intrínseca de la naturaleza del hombre.
	Por el divino acto creacional, el hombre fue constituido santo, y no hubo ningún acto separado por el cual él fuera constituido de esa manera.
	Esa naturaleza fue compuesta de tal forma que podría responder a las demandas de una vida prudente y buena; no, en el sentido del cumplimiento de esas demandas, sino en el de una inclinación o disposición espontánea hacia tal cumplimiento.

50. TEORÍAS DEL PECADO ORIGINAL

Punto de vista	Argumento
Pelagianismo	El alma del hombre es creada por Dios (en cada individuo, en su nacimiento o cerca de él) El alma del hombre es creada sin corrupción. La influencia del pecado de Adán es un ejemplo. El hombre tiene libre albedrío. La gracia de Dios es universal ya que todos los hombres tienen libre albedrío; los adultos pueden obtener el perdón a través del bautismo. Entonces, el pecado de Adán no afecta directamente a los otros; no hay algo tal como el pecado original, y el hombre no está depravado.
Arminianismo	El hombre recibe de Adán una naturaleza corrompida, pero no, la culpa de aquel. La corrupción comprende la parte física e intelectual, pero no, la voluntad. La gracia previniente permite al hombre creer. Entonces, el hombre no está totalmente depravado, sino que retiene la voluntad de buscar a Dios.
Calvinismo	Cada individuo está emparentado con Adán. Hay dos puntos de vista principales: *Cabeza Federal:* (punto de vista creacionista sobre el origen del alma). El individuo recibe la naturaleza física de los padres. Dios crea cada alma. Adán fue nuestro representante, como fue ordenado por Dios. Esta representatividad iguala al ser humano en Cristo para justicia. *Cabeza Natural:* (punto de vista traducionista acerca del origen del alma (Agustín). El individuo recibe la naturaleza física de los padres. Así, todos estuvieron presentes en Adán, en forma original o germinal. Cada individuo participa en el pecado de Adán. Por lo tanto, lo hereda.

51. LA IMPUTACIÓN DEL PECADO DE ADÁN

Pasaje clave: Romanos 5:12-21 / Frase clave: εφ ο παντες ημαρτον **(12d)**
Distinción de puntos de vista

El punto de vista del ejemplo

El pecado de Adán fue un pequeño acto de desobediencia que lo afectó solamente a él. Romanos 5:12d se refiere a los pecados personales reales de los individuos que siguieron el ejemplo de Adán, cometieron pecado y son, entonces, culpables ante Dios.

El punto de vista de la solidaridad

Existe una solidaridad tal entre Adán y su raza que Pablo puede decir que uno peca (comparar con 5:13-19) y, al mismo tiempo, decir que todos pecaron (comparar con 5:12). Ambas declaraciones se refieren a la caída.

Seminalismo

La unión entre Adán y su posteridad es biológica y genética, de tal manera que él incluyó a todos los seres humanos en una única entidad colectiva; entonces, todas las personas son co-pecadoras con Adán.

Federalismo

La unión entre Adán y su posteridad se debe al hecho de que Dios lo designó como la cabeza representante de la raza humana. Lo que Adán hizo se imputa a su posteridad.

Imputación mediata (indirecta)

Las personas tienen una naturaleza corrupta, imputada como consecuencia del pecado de Adán. De esta manera se le atribuye la depravación hereditaria. Todos pecaron porque todos han heredado la corrupción natural de Adán.

Imputación inmediata (directa)

El primer pecado de Adán fue imputado a cada persona. Todos los hombres fueron probados en Adán, nuestro representante, y declarados culpables.

51. LA IMPUTACIÓN DEL PECADO DE ADÁN (continuación)

Explicación de los puntos de vista

Punto de vista	¿Cuál es la condición de la persona, en relación con Dios, al momento de nacer?	¿Cuáles son los efectos del pecado de Adán en su posteridad?	¿Cómo es que todos pecaron?	¿Qué es lo que se imputa (se cargaa nuestra cuenta)?
Pelagianismo	Él es inocente y puede obedecer a Dios.	No tuvo efecto. El pecado de Adán solo lo afectó a él.	Todos eligieron pecar, siguiendo el ejemplo de Adán.	Solo los pecados personales
Arminianismo	Tiene una naturaleza pecaminosa, pero es aún capaz de cooperar con el Espíritu Santo por la gracia previniente.	Los corrompió física e intelectualmente, pero no se imputó la culpa de Adán.	Todos, conscientemente, ratifican lo hecho por Adán con sus pecados personales. Causa mediata: Todos pecaron porque poseen la naturaleza corrupta heredada de Adán.	Solo los pecados personales
Realismo	Su naturaleza entera está contaminada por el pecado; está bajo condenación y es incapaz de merecer el favor salvífico de Dios.	Trajo culpa personal, corrupción y muerte para todos.	Todos participan en el pecado de Adán, que es la cabeza natural de la raza.	El pecado de Adán, la culpa, la naturaleza corrupta y los pecados de uno (El realismo y el federalismo difieren solamente en la manera de la imputación).
Federalismo	Su naturaleza entera está contaminada por el pecado; está bajo condenación y es incapaz de merecer el favor salvífico de Dios.	Trajo condenación y contaminación del pecado a la naturaleza completa de todos.	Causa mediata: Todos pecaron porque poseen la naturaleza corrupta heredada de Adán. Causa inmediata: Todos pecan porque son constituidos pecadores por el pecado de Adán.	Imputación mediata: La naturaleza corrupta y los pecados propios. Imputación inmediata: El pecado de Adán, la culpa, la naturaleza corrupta y los pecados de uno.

* El pelagianismo y arminianismo se adhieren, en diferente medida, al punto de vista de que las personas pecan, siguiendo el ejemplo de Adán.

51. LA IMPUTACIÓN DEL PECADO DE ADÁN (continuación)

Punto de vista	Traducción de εφω en Romanos 5:12	Explicación de los puntos de vista	
		Crítica	
El punto de vista del ejemplo	«es por eso»	El aoristo de ημαρτον sugiere que todos pecaron en Adán o con él; no, posteriormente. En 5:15-19, dice cinco veces que solo un pecado causó la muerte de todos. El punto de vista del ejemplo ignora la analogía entre Adán y Cristo.	
Seminalismo	«en quien» (es decir, en Adán)	Hebreos 7:9-10 da un ejemplo de un hombre (Abraham), con inclusión de otro (Leví). El seminalismo debilita la analogía entre Adán y Cristo; coloca una significación injustificada de εφω en el cuerpo paulino y hace ciertas preguntas absurdas (por ejemplo: ¿Puede uno actuar antes de «existir»? ¿Por qué no somos responsables de los pecados posteriores de Adán?).	
Punto de vista de la imputación mediata	«Porque»	Σφω significa «porque», en 2 Corintios 5:4 (comparar con Fil 3:1 y 2; 40:10). La imputación mediata enfrenta ciertas dificultades contextuales, en Romanos 5: (1) αμαρτανο no significa «tener una naturaleza corrupta». (2) Tanto Adán como su posteridad mueren por un solo error de Adán (vv. 12, 18-19) y no se cita ninguna condición intermedia. (3) γαρ (3:13-14) presenta una explicación que no es consistente con el argumento de 5:12, si se adopta este punto de vista.	
Federalismo inmediato	«Porque»	El federalismo inmediato enfrenta el problema de explicar cómo el pecado de un hombre, Adán, puede ser imputado a toda la raza humana. Deuteronomio 24:16 dice que «cada uno morirá por su pecado», lo que parece contradictorio al federalismo. Además, la culpa ajena (ser acusado por culpa de otro) parece ser injusta.	

52. TEORÍAS SOBRE LA NATURALEZA DEL PECADO

Teoría	Fuente	Enseñanza
Dualismo	Filosofía griega y gnosticismo	El hombre tiene un espíritu proveniente del reino de la luz y un cuerpo, con su vida animal, que procede del reino de las tinieblas. El pecado es, entonces, la maldad física, la corrupción del espíritu por su unión con el cuerpo material. El pecado se vence destruyendo la influencia del cuerpo sobre el alma.
Egoísmo	Strong	El pecado es egoísmo. Es preferir las ideas personales a la verdad de Dios; la satisfacción de la propia voluntad, a la de Dios. Es amarse a uno mismo más que a él. Puede manifestarse como sensualidad, incredulidad o enemistad contra Dios.
Pelagiana	Pelagio	El pecado de Adán solo lo dañó a él. Todas las personas nacen en el mismo estado en que Adán fue creado. Conocen lo que es malo y tienen capacidad para hacer lo que Dios demanda. El pecado, entonces, consiste en la elección deliberada de lo malo.
Agustiniana	Agustín	Todas las personas poseen una depravación heredada e inherente, que incluye la culpa y la corrupción. Ofendemos la santidad de Dios por nuestros actos deliberados de trasgresión y por la ausencia de afectos justos. Pero el pecado es la negación; y esto no es necesario.
Católico Romana	Enseñanza de la iglesia y tradición	El pecado original se transmite a todas las personas. Nacemos en él y somos oprimidos por la corrupción de nuestra naturaleza. Esta privación de la justicia permite que los poderes inferiores de la naturaleza del hombre tomen preponderancia sobre los superiores, y así, crece en pecado. La naturaleza de este se declara como la muerte del alma. El pecado es, entonces, la pérdida de la justicia original y el desorden del todo de la naturaleza.
Definición bíblica	Las Escrituras	La Biblia usa varios términos para describir la naturaleza del pecado: ignorancia (Ef 4:18), error (Mr 12:24-27), impurezas, idolatría (Gá 5:19-20), caída (Ro 5:15), etc. La presencia del pecado es poner algo en el lugar de Dios. Es cualquier cosa que no llega a su gloria y perfección. El pecado es la desobediencia.

53. DEFINICIÓN DE PALABRAS CLAVE EN LA SALVACIÓN

Palabra	Referencia bíblica	Definición
Elección	Mt 22:14; Hch 13:48; Ef 1:4; 2 T 2:13	Es el aspecto del propósito eterno de Dios por el cual él determina quién creerá, cierta y eternamente, por medio de una elección incondicional y amorosa. Esto no es únicamente la intención de Dios de salvar a todos los que creen. Preferentemente, establece quiénes creerán.
Omnisciencia	Sal 139:1-4; Is 40:28; Ro 11:33; Heb 4:13	Se relaciona con el conocimiento de Dios de lo que es o podría ser. Él tiene pleno conocimiento de sí mismo y de la creación. Conoce, desde la eternidad, tolo lo que ocurrirá ciertamente y, también, todo lo que podría ocurrir.
Presciencia	Hch 2:23; Ro 8:29; 11:2; Ef 1:5	Es el conocimiento selectivo de Dios que hace a uno el objeto de su amor. Es más que mero saber anticipado. El término se enfoca en la motivación de Dios a actuar, relacionándose con las personas y, no, con lo que harán o dejarán de hacer.
Preordenación	Ef 1:5	Es la predeterminación de Dios de todas las cosas que ocurren en su creación, tanto los eventos como las acciones de una persona. Todo lo que sucede, externamente a Dios, está determinado por él y es cierto.
Predestinación	Ro 8:29-30	La predestinación se relaciona, específicamente, con la determinación de los elegidos y su conformidad a la imagen de Cristo; en cambio, la preordenación incluye todas las cosas. La predestinación nunca ocurre en el sentido de ser uno predestinado para maldición.
Llamado	*General:* Mt 22:14; Jn 3:16-18 *Eficaz:* Jn 6:44; Ro 8:28-30; 1 Co 1:23-24	General: Es el llamado del evangelio por la proclamación que invita a todas las personas a recibir a Cristo. Eficaz: Es la aplicación de la palabra del evangelio a los elegidos. El Espíritu Santo realiza esta obra solo en ellos, y esto resulta en salvación.
Salvación	Jn 3:16-17; 6:37; Hch 4:12	Es la culminación de la elección: la suma total de la obra de Dios por el hombre, al salvarlo de su condición de perdido en el pecado y presentarlo en gloria. Se recibe por la fe, pero esta no es la razón por la que la persona es justificada. La causa de la salvación está totalmente en Dios mismo; no, en el hombre (Ro 9:12, 16).
Condenación	Is 6:9-10; Ro 9:27; 11:7	Es la actitud pasiva de Dios de no tomar en cuenta a algunas personas, en la aplicación de la salvación. Es una expresión de la justicia divina, al condenar al castigo eterno por los pecados.

54. PUNTOS DE VISTA SOBRE LA SALVACIÓN

Sistema teológico	Defensores	Significado de salvación	Obstáculos para la salvación	Medio de salvación
Teología de la liberación	Gustavo Gutiérrez y muchos ministros Católicos Romanos latinoamericanos. Está representada por la teología de los negros, la feminista y la del tercer mundo.	Rescate de la opresión.	La opresión y explotación de las clases sin poder, por parte de los poderosos.	La política y la revolución.
Teología existencial	Rudolph Bultmann Martin Heidegger	Una alteración fundamental de nuestra existencia, nuestra visión y conducta de la vida. Es obtener la «existencia auténtica» o ser llamado por Dios (o el evangelio) a la verdadera identidad propia y al verdadero destino.	El hombre está apresado por su racionalidad egocéntrica y por las experiencias pasadas, formadoras de su identidad. Vive una identidad que no es auténtica.	El hombre debe hacer morir su lucha por la auto-gratificación y seguridad, aparte de Dios; debe poner su fe en el Creador y ser abierto al futuro. La fe es abandonar la búsqueda de realidades tangibles y objetos temporales.
Teología secular	Dietrich Bonhoeffer John A.T. Robinson Thomas J. Altiezer	La salvación es salirse de la religión y aprender a ser independiente de Dios, madurando, afirmándose a uno mismo e involucrándose en el mundo.	La confianza en Dios y la religión hacen al hombre inmaduro y esto da ocasión a la deshonestidad intelectual y a la irresponsabilidad moral.	Abandonar la religión y la necesidad de Dios, y convertirse en auto-suficiente y totalmente humano. Esto se logra a través de la introspección, afirmación y práctica de la investigación científica (por ejemplo, antisobrenatural).
Teología Católico Romana	Concilio Vaticano Segundo Karl Rahner Yves Congar Hans Küng	Recibir la gracia de Dios a través de la iglesia. / Recibir la gracia a través de la Iglesia o de la naturaleza. Los católicos son incorporados a la Iglesia. Los no católicos están unidos a ella. Los no cristianos están relacionados con ella.	Pecados mortales no confesados.	Recibir la gracia a través de la participación en los sacramentos de la iglesia. / Recibir la gracia a través de la naturaleza o de los sacramentos de la iglesia.
Teología evangélica	Martín Lutero Jonathan Edwards Juan Calvino	La salvación es el cambio de posición ante Dios, de culpable a inocente.	El pecado corta la relación con Dios. La naturaleza del hombre está arruinada e inclinada al mal.	Ser justificado por fe en la obra completa de Cristo y recibir el Espíritu Santo de Dios en la regeneración, morada y sello hasta el día de la redención.

55. COMPARACIÓN DE TÉRMINOS SOBRE LA SALVACIÓN

Concepto	Enseñanza del Antiguo Testamento	Enseñanza del Nuevo Testamento
Ley	Dios estableció un pacto con su pueblo por gracia. La ley era, simplemente, la regla que Dios instituyó para aquellos que se adherirían a ese pacto (Gn 17:7).	El papel de la ley no es justificar, sino mostrar lo que es el pecado. Era un ayo, para llevarnos a Cristo (Gá 2:16; 3:24).
Salvación	Estaba basada enteramente en la obra de Cristo, lograda por su muerte futura La gracia era recibida indirectamente. Los creyentes no sabían cómo se había efectuado. Era mediada por sacerdotes y ritos con sacrificios; no venía por una relación directa y personal con Cristo. El Espíritu Santo no había venido en su plenitud.	Basada enteramente en la obra de Cristo, quien fue hecho maldición por nosotros. Él es la propiciación por nuestros pecados. La gracia se recibe directamente por la fe, que es un don de Dios. El Espíritu Santo mora permanentemente en el creyente (Ro 3:25; Gá 3:13; Ef 2:8-9).
Justificación	Dios estableció un pacto con su pueblo que se certificaba con un ritual externo -la circuncisión-, aunque esto solo no era suficiente para salvarse. Se requería una circuncisión de corazón (Dt 10:16; Jer 4:4). Tampoco era el cumplimiento de la ley lo que salvaba; la salvación venía por fe. Abraham creyó a Dios, y su fe le fue contada por justicia (Gá 3:6). Si se hubiese requerido un cumplimiento personal de la ley, nadie habría sido salvo.	Somos justificados por la fe en Cristo. Su sacrificio satisfizo las demandas de la justicia de Dios y él ahora considera a todos los que en él confían como justos (Ro 4:5; 5:1).
Regeneración	No hay prueba de que los santos del Antiguo Testamento no fuesen regenerados. Moisés identificó a un número de judíos que tenían un corazón circuncidado (Dt 30:6). Eran «verdaderos judíos», limpios desde su interior, con sus vidas cambiadas conforme a la voluntad de Dios (Ro 2:28-29). Isaías también describe transformaciones semejantes a la descripción neotestamentaria del nuevo nacimiento (Is 57:15). Estas parecen ser más que figurativas.	Es el cambio espiritual que ocurre en una persona por la obra del Espíritu Santo, por el cual ella posee una nueva vida. Es un cambio de estado de muerte a vida, que se produce en nuestra naturaleza (2 Co 5:17; Ef 2:1; 1 Jn 4:7).
Santificación	En el Antiguo Testamento encontramos casos de lo que el Nuevo Testamento llama el «fruto del Espíritu». Noé y Job eran ambos justos, irreprensibles en conducta. Se le da una atención especial a la fe de Abraham, la bondad de José, la mansedumbre de Moisés, la sabiduría de Salomón y la templanza de Daniel. Estos creyentes no tenían la plenitud del Espíritu Santo, pero disfrutaban de su morada (Sal 51:10-12) y de sus dones (Éx 36:1; Nm 11:26-30).	Es la obra de Dios al desarrollarse la nueva vida hacia la perfección, la separación del pecado y la separación para un propósito sagrado. Aunque somos santificados por completo en Cristo, en forma gradual, vamos experimentando lo que somos posicionalmente (Ro 6:11; 12:1; 1 Co 1:2).

56. LA APLICACIÓN DE LA SALVACIÓN EN EL TIEMPO

Aspecto	Descripción	Pasaje bíblico
El llamado eficaz de Dios.	El llamado especial de Dios a los elegidos a la comunión con Jesucristo.	Ro 8:30; 1 Co 1:9
Regeneración por el Espíritu Santo.	La obra de limpieza y renovación del Espíritu Santo, impartiendo nueva vida al hombre y permitiéndole crecer.	Jn 3:5-8; 2 Co 5:17; Tit 3:5
Conversión por la fe en Cristo y arrepentimiento de los pecados.	El apartarse del pecado y volverse a Cristo, por parte del inconverso.	Lc 24:46-47; Jn 3:16; Hch 2:38
Justificación por la fe	El acto de declarar justos a los pecadores.	Ro 3:21; 4:5; 8:33-34
Adopción como hijos por parte del Padre Celestial.	El cambio del creyente: de ajeno a Dios, a hijo.	Jn 1:12; Gá 4:4-5; Ef 1:5
Santificación para buenas obras.	La obra continua de Dios en la vida del creyente, que lo santifica.	Tit 2:14; Heb 13:21; 1 P 5:10
Perseverancia en la Palabra de Cristo.	Imposibilidad de que el cristiano verdadero caiga total o finalmente de la gracia, pues continúa en fe hasta la muerte.	Jn 6:39; 10:27-30; Heb 4:14; 1 P 1:3-5
Glorificación con Cristo en su venida.	La redención completa y final de la persona entera, conformada a la imagen de Cristo.	Jn 14:16-17; Ro 8:29-30; Fil 3:21; 1 Jn 1:3

57. ARGUMENTOS TRADICIONALES SOBRE LA ELECCIÓN

Arminianismo	
Argumentos a favor	**Argumentos en contra**
Dios desea que todos sean salvos y no quiere la muerte de los malvados (Ez 3:3-11; 1 Ti 2:3-4; 2 P 3:9).	Dios ha elegido a algunos para ser salvos, no, a todos; y hasta ha elegido no revelar algunas verdades a algunas personas (Mt 13:10-16; Jn 10:24-30).
El carácter universal de los mandamientos y exhortaciones de Dios revela su deseo de salvar a todos (Jn 3:3, 5-7; 1 P 1:16). También Dios emite una invitación universal para todos los que vienen a Cristo (Is 55:1; Mt 11:28; Jn 9:37-39).	La regla de Dios no cambia porque el hombre sea incapaz de obedecer. Una persona puede venir a Dios solo si Dios lo trae (Jn 6:35-40, 44-47, 65).
Todas las personas pueden creer y ser salvas, porque Dios hizo un llamado universal a la salvación y dio gracia previniente a todos, para contrarrestar el pecado y para hacer a todos capaces de responder al evangelio. No hay necesidad de una gracia especial de Dios para la salvación.	El término «gracia previniente» no se encuentra en la Biblia. Pablo expresa el hecho de que el hombre es incapaz de volverse a Dios y ni siquiera lo busca, sino que rechaza la revelación que le ha sido dada (Ro 1:18-32; 3:10-19).
Sería injusto que Dios hiciera a las personas responsables de algo que son incapaces de hacer.	«Presciencia», como se usa en la Escritura, no es solo el conocimiento de los eventos futuros, sino que es un término relacional que muestra que Dios ha amado y se ha relacionado con los elegidos antes de que existiesen y los eligió para salvación porque decidió amarlos, a pesar de sus hechos (Ro 9:26-29).
Dios elige a algunos para salvación y pasa por alto a otros, porque él ha visto de antemano quiénes aceptarán el ofrecimiento de la salvación en Cristo. La presciencia es que Dios conoce con antelación quiénes recibirán la salvación, y es un término relacionado de cerca con la elección (Ro 8:29; 1 P 1:1-2).	

57. ARGUMENTOS TRADICIONALES SOBRE LA ELECCIÓN (continuación)

Calvinismo	
Argumentos a favor	**Argumentos en contra**
Toda la raza humana está perdida en pecado, y cada individuo está totalmente corrompido por aquél, en su intelecto, voluntad y emociones. El hombre es incapaz de responder al ofrecimiento de salvación de Dios ya que está muerto espiritualmente (Jer 17:9; Jn 6:44; Ro 31:23; 2 Co 4:3-4; Ef 2:1-3).	Si el hombre es incapaz de responder y no puede obedecer a Dios, entonces, ¿cómo puede Dios ofrecer verdaderamente salvación a todos, a través del evangelio, y esperar que el hombre obedezca (Mt 11:28-30; Jn 3:16; 6:35)?
Dios es soberano en todo lo que hace, y él obra de acuerdo con su buena voluntad y elección. No debe dar cuentas al hombre porque él es el Creador y puede elegir a quién él quiera para ser salvo (Ro 9:20-21; Ef 1:5; Fil 2:13; Ap 4:11).	Dios desea que todos sean salvos (1 Ti 2:3-4; 2 P 3:9).
Dios ha elegido a ciertas personas para su gracia especial, independientemente de su descendencia física, carácter o buenas obras. Específicamente, en la salvación, él ha elegido salvar a ciertas personas por la fe en Jesucristo (Jn 6:37, 44, 65; 15:16; Hch 13:48; Ro 9:6-24; Ef 1:4-5).	Dios no sería justo al elegir solo a algunos para vida eterna y pasar por alto a otros, ya que esto violaría el libre albedrío del hombre para elegir y además, el ofrecimiento del evangelio para todos no sería de buena fe.
La elección es una expresión de la voluntad soberana de Dios y es la causa de la fe (Ef 2:8-10).	Dios no puede demandar al hombre que crea, si la fe viene de él.
La elección es ciertamente eficaz para la salvación de todos los elegidos: aquellos a los que Dios elige seguramente vendrán a la fe en Cristo (Ro 8:29-30).	Existe la posibilidad de que aquellos que han venido a la fe caigan de la gracia y pierdan su salvación.
La elección es desde la eternidad y es inmutable (Ef 1:4, 9-11).	Dios vio de antemano a los que creerían y los eligió en la eternidad (Ro 8:29).

58. PRINCIPALES PUNTOS DE VISTA EVANGÉLICOS SOBRE LA ELECCIÓN

	Arminianismo	Calvinismo	Calvinismo moderado
Definición	La elección condicional de Dios por la cual él determina quiénes creerían está basada en su presciencia de quiénes *ejercitarán* fe. Es el *resultado* de la fe del hombre.	La elección amante e incondicional de Dios por la cual él determina quién *debe* creer. Es la causa de la fe del hombre.	La elección incondicional y amante de Dios por la cual él determina quién *creerá*. Es la *causa* de la fe del hombre.
Defensores notables	Jacobo Arminio, John Wesley	Juan Calvino, Charles Spurgeon	Millard J. Erickson
Raíces históricas	A principios del siglo XVII, el pastor holandés Arminio, al intentar defender el punto de vista de Beza, se convenció de que Beza y Calvino estaban equivocados. Wesley, posteriormente, fue más allá de Armiño y enfatizó la gracia previniente.	Durante la reforma, Calvino tomó el énfasis de Agustín sobre la gracia irresistible de Dios, la naturaleza pecaminosa del hombre y la predestinación. Calvino fue sucedido por Beza, quien avanzó un paso más.	Primariamente, una interpretación reciente.
Pros	*Enfatiza la responsabilidad del hombre de hacer una elección.* También reconoce la depravación y lo irremediable del hombre sin la intervención de Dios. El aspecto más atractivo es el permiso humano del libre albedrío para elegir. El hombre puede resistir la gracia de Dios.	*Enfatiza la santidad y soberanía de Dios* y, de esta manera, su derecho a establecer decretos tales como el de la elección para salvación. Pone énfasis, directamente, en la depravación total del hombre y en su incapacidad de decidir lo correcto sin ayuda. La doctrina dominante es la de la soberanía absoluta de Dios, que no depende del antojo o de la voluntad del hombre. Este no puede resistir la gracia de Dios. Este punto de vista se basa en una cantidad abrumadora de evidencia bíblica.	*Enfatiza la santidad y la soberanía de Dios, al mismo tiempo que preserva la idea de la responsabilidad del hombre.* La gracia de Dios es irresistible, pero solo porque él decidió hacerla tan atractiva a los elegidos que la aceptarán. En otras palabras, Dios permite a los elegidos querer su gracia. Así, obra su voluntad soberana, a través de la voluntad de ellos. Provee una posición equilibrada entre el calvinismo tradicional y el arminianismo.
Contras	*No enfatiza la soberanía de Dios.* Al poner a Dios en una posición de dependencia con respecto a las decisiones de un ser creado, este punto de vista hace ver a Dios como si no estuviera en control de su universo. También, el reconocer la doctrina de la total depravación hizo que Wesley tuviese que dar la idea de gracia previniente, que no tiene base escritural.	*No enfatiza la responsabilidad del hombre.* Parece eclipsar el libre albedrío y así, su responsabilidad por sus pecados. Los críticos la acusan de ser fatalista y de destruir la motivación para el evangelismo. El mayor problema: la aparente contradicción con la libertad humana.	*No tiene un precedente claro en la historia de la iglesia.* Raya en evasivas semánticas cuando distingue entre el hecho de que Dios haga algo cierto o algo necesario (La decisión de Dios de que algo pasará, en oposición a la de que algo debe pasar).
Evidencia bíblica	*Texto central:* No se puede encontrar tratados lógicos que apoyen la posición de Arminio. Así, apelan al carácter universal de la invitación de Dios a la salvación. Ofrecen 1 Ti 2:3-4 como evidencia de que Dios desea que todos sean salvos (ver también Is 55:1; Ex 33:11; Hch 17:30-31; 2 P 3:9).	Texto central: Romanos 9:6-24. Esto demuestra que la elección se basa en el carácter justo de Dios y en su soberanía. Entonces él no tomará una decisión injusta, y no debe explicar al hombre por qué aún encuentra culpa en aquellos que no eligió.	No ofrece un texto central específico. Erickson basa su posición en las fortalezas de la posición calvinista y en las debilidades de la arminiana, y es motivado por la aparente contradicción entre la soberanía de Dios y el libre albedrío del hombre. Él adhiere, en la mayoría de los pasajes, a la posición calvinista.

59. ORDEN DE LOS DECRETOS

Supralapsariano (Redención limitada)	Infralapsariano (Redención limitada)	Amyraldiano (Redención limitada)	Luterana	Wesleyana	Católico Romana
La creación del hombre con la idea de elegir a algunos para vida eterna y condenar a otros a perdición eterna.	El permiso para la caída del hombre resulta en culpa, corrupción, incapacidad total.	El permiso para la caída del hombre resulta en corrupción, culpa, incapacidad moral.	El permiso para la caída del hombre resulta en culpa, corrupción, incapacidad total.	El permiso para la caída del hombre resulta en culpa, corrupción, incapacidad total.	El permiso para la caída del hombre resulta en la pérdida de la justicia sobrenatural.
El permiso para la caída del hombre resulta en culpa, corrupción, incapacidad total.	Elección de algunos para vida en Cristo.	El don de Cristo para hacer posible la salvación a todos.	El don de Cristo para proveer la satisfacción por los pecados del mundo.	El don de Cristo para proveer la satisfacción por los pecados del mundo.	El don de Cristo para proveer la satisfacción por todos los pecados humanos.
El don para redimir a los elegidos.	El don para redimir a los elegidos.	Elección de algunos para el don o la habilidad moral.	El don de la gracia, como medio para transmitir gracia salvífica.	Remisión del pecado original para todos y don de la gracia suficiente para todos.	Institución de la iglesia, los sacramentos, para aplicar la satisfacción de Cristo.
Don del Espíritu Santo para salvar a los redimidos.	Don del Espíritu Santo para salvar a los redimidos.	Don del Espíritu Santo para obrar la habilidad moral en los elegidos.	Predestinación para vida de aquellos que no resisten el medio de gracia.	Predestinación para vida de aquellos que perfeccionan la gracia suficiente.	Aplicación de la satisfacción de Cristo a través de los sacramentos, bajo la operación de las causas segundas.
Santificación de todos los redimidos y regenerados.	Santificación de todos los redimidos y regenerados.	Santificación por el Espíritu.	Santificación por medio de gracia.	Santificación de todos los que cooperan con la gracia suficiente.	Edificación en vida santa de todos aquellos a los que se les comunican los sacramentos.

Adaptado de Benjamín B Warfield, *The Plan of Salvation* [El Plan de la Salvación], Eerdmans, Grand Rapids, MI, 1977, p.31.

60. LOS CINCO PUNTOS DE VISTA DEL CALVINISMO Y ARMINIANISMO

Categoría (TULIP)	Arminianismo	Calvinismo
Depravación total	**1. Libre albedrío o habilidad humana** Aunque la naturaleza humana fue seriamente afectada por la caída, el hombre no ha sido dejado en un estado de desesperanza espiritual total. Dios, en su gracia, permite a cada pecador arrepentirse y creer, pero no interfiere con la libertad del hombre. Cada uno posee libre albedrío, y su destino eterno depende de cómo lo usa. La libertad del hombre consiste en su habilidad para elegir lo bueno sobre lo malo, en asuntos espirituales; su voluntad no está esclavizada a su naturaleza pecaminosa. El pecador tiene el poder de cooperar con el Espíritu de Dios y ser regenerado, o resistir la gracia de Dios y perecer. El pecador perdido necesita la asistencia del Espíritu, pero no debe ser regenerado por el Espíritu antes de poder creer, ya que la fe es un acto del hombre y precede al nuevo nacimiento. La fe es el regalo de pecador hacia Dios; es la contribución del hombre a la salvación.	**1. Incapacidad total o depravación total** Debido a la caída, el hombre es incapaz por sí mismo de creer al evangelio para salvación. El pecador está muerto, ciego y sordo a las cosas de Dios, su corazón es pecador y desesperadamente corrupto. Su voluntad no es libre, está esclavizada a su naturaleza malvada. Por esto él no elegirá -de hecho, no puede elegir- lo bueno por sobre lo malo, en el reino espiritual. Consecuentemente, toma mucho más que la asistencia del Espíritu para traer a un pecador a Cristo: Toma la regeneración por la cual el Espíritu hace vivo al pecador y le da una nueva naturaleza, pero es, en sí misma, una parte del regalo de Dios de la salvación. La salvación es el regalo de Dios al pecador; no, el regalo del pecador a Dios.
Elección incondicional	**2. Elección condicional** La elección de Dios de ciertos individuos para salvación antes de la fundación del mundo fue basada en su presciencia de que iban a responder a su llamado. Él eligió solo a aquellos que él sabía que libremente elegirían por sí mismos creer al evangelio. La elección entonces fue determinada por lo que una persona haría o condicionada a ello. La fe que Dios vio de antemano y sobre la que basó su elección no fue dada al pecador por él (no fue creada por el poder regenerador del Espíritu Santo), sino que resulta del libre albedrío del hombre con la cooperación de la obra del Espíritu Santo. Dios eligió a aquellos que él sabía que iban, de su propia voluntad, a aceptar a Cristo. En este sentido, la elección de Dios es condicional.	**2. Elección incondicional** La elección de Dios de ciertos individuos para salvación, antes de la fundación del mundo, descansó únicamente en su propia soberana voluntad. No se basó en ninguna respuesta preconocida u obediencia de parte del hombre, tal como la fe, el arrepentimiento, etc. Por el contrario, Dios da fe y arrepentimiento a cada individuo a quien él eligió. Estos actos son el resultado, no, la causa de la elección de Dios. Por lo tanto, esta no es determinada o condicionada por ningún acto o cualidad virtuosa, pre-conocida del hombre. Aquellos a los que Dios eligió soberanamente son llevados, por el poder del Espíritu, a una aceptación voluntaria de Cristo. De esta forma, la elección del pecador por parte de Dios es la principal causa de la salvación.

60. LOS CINCO PUNTOS (continuación)

Categoría	Arminianismo	Calvinismo
Redención Limitada	**3. Redención universal o redención general** La obra redentora de Cristo hizo posible que todos sean salvos, pero no asegura la salvación de ninguno, aunque Cristo murió por todas y cada una de las personas; solo aquellos que creen en él son salvos. Su muerte le permite a Dios perdonar a los pecadores, con la condición de que crean; pero no puso, realmente a un lado, los pecados de nadie. La redención de Cristo se vuelve eficaz solo si una persona elige aceptarla.	**3. Redención particular o redención limitada** La obra redentora de Cristo fue para salvar solo a los elegidos, y realmente aseguró su salvación. Además de poner a un lado los pecados de los suyos, la redención de Cristo aseguró todo lo necesario para su salvación, incluyendo la fe, que los une a ellos con él. El don de la fe es aplicado de forma infalible por el Espíritu a aquellos por los cuales Cristo murió, garantizando así su salvación.
Gracia irresistible	**4. El Espíritu Santo factible de ser efectivamente resistido** El Espíritu llama internamente a todos aquellos que son llamados exteriormente por la invitación del Evangelio. Él hace todo lo posible para traer a cada pecador a la salvación. Pero puesto que el hombre es libre, puede efectivamente resistirse al llamado de Espíritu. El Espíritu no puede regenerar al pecador hasta que cree. La fe (que es la contribución del hombre) precede y hace posible el nuevo nacimiento. Así, el libre albedrío del hombre limita al Espíritu en la aplicación de la obra salvadora de Cristo. El Espíritu Santo puede traer a Cristo solo a aquellos que le permiten obrar como él quiere. Hasta que el pecador responde, el Espíritu no puede darle vida. La gracia de Dios, entonces, no es irresistible; puede ser resistida y obstruida por los hombres y, a veces, lo es.	**4. El llamado eficaz del Espíritu o gracia irresistible** Además del llamado externo a la salvación que se hace a todos los que escuchan el evangelio, el Espíritu Santo extiende a los elegidos un llamado interno que los trae inevitablemente a ella. El primero (que hace a todos, sin distinción) puede ser -y a veces lo es- rechazado, mientras que el llamado interno (que es hecho solo a los elegidos) no puede serlo; siempre resulta en la conversión. Por medio de este llamado especial, el Espíritu trae de manera irresistible a los pecadores a Cristo. Él no está limitado por la voluntad del hombre, en su obra de aplicar la salvación. Tampoco es dependiente de la colaboración del hombre para su éxito. El Espíritu hace que el pecador benignamente elegido coopere, crea, se arrepienta y venga voluntaria y libremente a Cristo. La gracia de Dios, entonces, es invencible, nunca falla en resultar en la salvación de aquellos a quienes se extiende.
Perseverancia de los santos	**5. Caída de la gracia** Aquellos que creen y son verdaderamente salvos pueden perder su salvación al fallar en mantener su fe. No todos los arminianos están de acuerdo en este punto; algunos sostienen que los creyentes están seguros eternamente en Cristo; una vez que un pecador es regenerado, no puede perderse jamás. **Rechazado por el Sínodo de Dort** Este era el sistema de pensamiento contenido en la «reconvención» (aunque los cinco puntos no estaban originalmente en este orden). Fue presentado por los arminianos a la iglesia de Holanda, en 1610, para ser adoptado; pero fue rechazado por el Sínodo de Dort, en 1619, por no ser escritural.	**5. Perseverancia de los santos** Todos los que son elegidos por Dios, redimidos por Cristo y poseen fe dada por el Espíritu son eternamente salvos. Son preservados en fe por el poder del todopoderoso Dios y así, perseveran hasta el fin. **Reafirmado por el Sínodo de Dort** Este sistema de teología fue reafirmado por el Sínodo de Dort, en 1619, como la doctrina de salvación contenida en la Sagradas Escrituras. El sistema fue, en ese tiempo, formulado en cinco puntos (en respuesta a los dados por los arminianos) y ha sido desde entonces conocido como «los cinco puntos del calvinismo».

61. PUNTOS DE VISTA DIFERENTES SOBRE EL MEDIO DE GRACIA

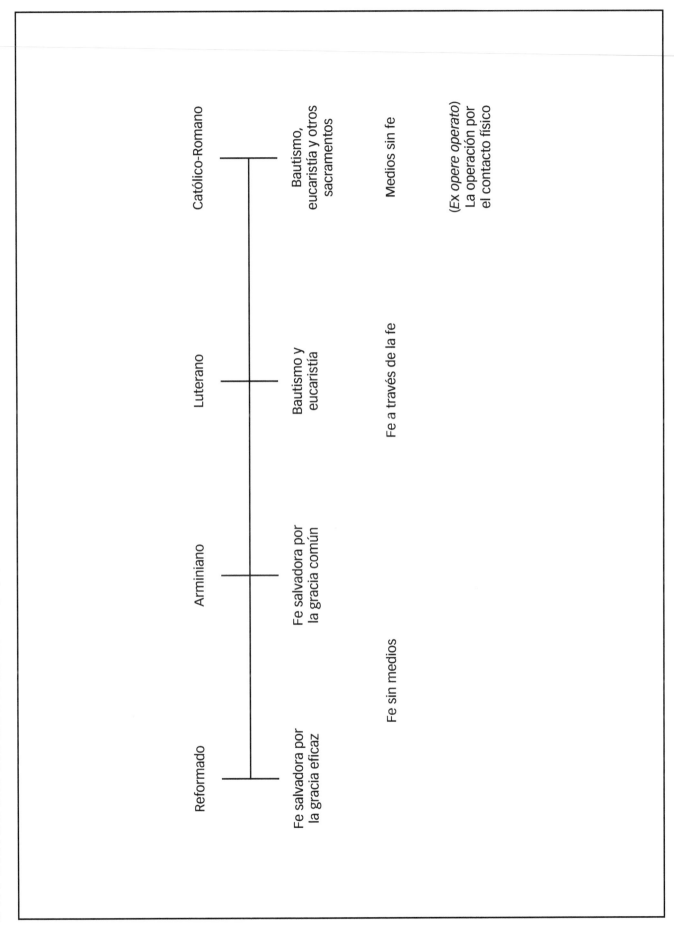

Reformado	Arminiano	Luterano	Católico-Romano
Fe salvadora por la gracia eficaz	Fe salvadora por la gracia común	Bautismo y eucaristía	Bautismo, eucaristía y otros sacramentos
Fe sin medios		Fe a través de la fe	Medios sin fe
			(*Ex opere operato*) La operación por el contacto físico

62. EL LLAMADO GENERAL - EL LLAMADO EFICAZ

	Llamado general	Llamado eficaz
Definición	Incluye la presentación del Evangelio, en la que al individuo se le ofrece la promesa de salvación en Cristo y se lo invita a aceptarlo, por fe, para recibir el perdón de pecados y la vida eterna.	Incluye el llamado general de Dios en el Evangelio, hecho efectivo en un individuo, al éste creer la buena noticia y aceptar a Cristo como Salvador y Señor.
Agente	Emitido por el Padre a todos lo s que oyen el evangelio por medio, especialmente, de los creyentes facultados por el Espíritu santo de Dios, al comunicar el evangelio como está revelado en la Palabra de Dios.	Emitido por el Padre y hecho efectivo por la obra del Espíritu Santo, al iluminar y permitir que el individuo entienda y responda afirmativamente al evangelio de Señor Jesús, como lo establece la Palabra de Dios.
Sujetos y ejemplos	Para todos, pero oído solo por aquellos que oyen al evangelio. Mateo 22:14 «Porque muchos son los invitados, pero pocos los escogidos».	Dado solo a los elegidos. Saulo-Hechos 9:1-19; Lidia-Hechos 16:14; Romanos 8:30
Propósito	Revela el gran amor de Dios por los pecadores, en general. Revela la santidad y justicia de Dios.	Por la depravación total del hombre, es absolutamente necesario para traer a los elegidos a la fe y conversión.
Resultados	No necesariamente produce salvación. Puede ser rechazado, resultando en condenación del pecador.	Al ser eficaz e irrevocable, resulta, necesariamente, En salvación. No puede ser rechazado.
Tiempos	Previo a la conversión y puede o no llevar a ella.	Lógicamente previo a la conversión, y necesariamente lleva a ella.

63. LOS SIETE SACRAMENTOS CATÓLICO ROMANO

Sacramento	Procedimiento	Significado	Énfasis del Concilio Vaticano II
Bautismo	El sacerdote realiza el rito en los infantes.	Produce el nuevo nacimiento, «infante cristiano». Necesario para la salvación. Libera a la persona del pecado y la culpa original. Une a la persona a Cristo y a la iglesia.	El bautismo recibe un énfasis mayor. El convertido debe tener instrucción de antemano. Ilustra el compromiso con Cristo. Enfatiza la unidad de todos los miembros en Cristo.
Confirmación	El obispo impone las manos en la persona mientras ella recibe el Espíritu Santo.	Es el paso necesario luego del bautismo. Con él, es parte de «el sacramento de iniciación». La persona recibe el Espíritu Santo, que produce su madurez y dedicación.	Intento de unir el bautismo y la confirmación como un acto de iniciación. Separar los dos sacramentos sugiere que hay grados de membresía en la iglesia.
Eucaristía	El sacerdote celebra la misa. Al pronunciar «este es mi cuerpo», el pan y el vino se convierten en el cuerpo y en la sangre de Cristo.	La misa es el continuo sacrificio de Cristo. Es lo mismo que el Calvario, salvo que no es sangrienta. En la misa, Cristo ofrece la expiación por el pecado. El participante recibe perdón de los pecados veniales. Comer el pan es comer a Cristo.	Se alienta la participación frecuente para aumentar «la unión con Cristo». La ceremonia, ahora, incluye a laicos; es más corta y simple; hay mayor uso de la Escritura.
Confesión (penitencia)	Tres pasos: 1. Tristeza por el pecado. 2. Confesión oral al sacerdote. 3. Absolución de los pecados por el sacerdote.	Habiendo confesado todos los pecados conocidos al sacerdote y habiendo manifestado la intención de no pecar en el futuro, el adherente recibe la absolución por el sacerdote.	Nueva visión del pecado: Las relaciones personales y motivaciones distorsionadas. Permite la confesión y absolución general. Se realiza la confesión general en el servicio de canto, Escritura, oración, sermón, auto-examen, confesión, absolución.
Las sagradas órdenes	Ordenación para el oficio: obispo, sacerdote, diácono. Como sucesor de los apóstoles, el obispo ordena al sacerdote.	Confiere en el receptor el poder sacerdotal de mediar la gracia a través de los sacramentos, tales como ofrecer el cuerpo y la sangre de Cristo para remitir pecados. El sacerdote media entre Dios y los hombres como Cristo medió entre Dios y los hombres.	Mayor inclusión de laicos en el ministerio. Ellos desarrollan y utilizan dones, en la iglesia. Redujo la distinción entre sacerdotes y los fieles. El sacerdote es considerado «hermano entre los hermanos».
Matrimonio	Se intercambian votos, en presencia del sacerdote.	Símbolo de la unión de Cristo y la iglesia. Es indisoluble porque el matrimonio de Cristo y la iglesia es indisoluble.	El matrimonio no es solo para la procreación. Mayor énfasis en el amor, dentro del matrimonio. Se permite la misa en casamientos con no católicos bautizados.
Unción de los enfermos	El obispo consagra el aceite. La persona cercana a morir es ungida por el sacerdote.	Quita la enfermedad y los obstáculos causados por el pecado que impiden al alma entrar en la gloria. Prepara a la persona para la muerte al fortalecer la gracia en el alma.	Uso más amplio: Cambió de «extrema unción» a «unción de los enfermos». Usado para fortalecer/sanar cuerpo y alma. La persona enferma comparte en lecturas, oraciones.

64. PUNTOS DE VISTA SOBRE LA REDENCIÓN

	Teoría del rescate a Satanás	Teoría de la Recapitulación	Teoría dramática	Teoría mística	Teoría del ejemplo
Definición	La muerte de Cristo fue un rescate pagado a Satanás para comprar el hombre cautivo por los reclamos de Satanás.	Cristo, en su vida, recapituló todas las etapas de la vida humana y, al hacerlo, revirtió el curso iniciado por Adán.	Cristo es el triunfador en un conflicto divino entre el bien y el mal y gana la libertad del hombre de la esclavitud.	Cristo tomó una naturaleza humana, pecaminosa, pero por el poder del Espíritu Santo triunfó por sobre ella. El conocimiento de esto influenciará místicamente sobre el hombre.	La muerte de Cristo proveyó un ejemplo de fe y obediencia para inspirar al hombre a ser obediente.
Defensores	Orígenes	Ireneo	Aulen	Schleiermacher	Pelagio, Socinio, Abelardo
Base escritural	Mt 20:28; Mr 10:45; 1 Co 6:20	Ro 5:15-21; Heb 2:10	Mt 20:28; Mr 10:45; 1 Co 15:51-57	Heb 2:10, 14-18; 4:14-16	1 P 2:21; 1 Jn 2:6
Objeto	Satanás	Satanás	Satanás	El hombre	El hombre
Condición espiritual del hombre	Esclavizado por Satanás.	Esclavizado por Satanás.	Esclavizado por Satanás.	Sin conciencia de Dios.	Vivo espiritualmente (Pelagio).
Significado de la muerte de Cristo	Victoria de Dios sobre Satanás.	La recapitulación de Cristo de todas las etapas de la vida humana.	La victoria de Dios sobre Satanás.	El triunfo de Cristo sobre su propia naturaleza pecaminosa.	Un ejemplo de verdadera fe y obediencia.
Valor para el hombre	Libertad de la esclavitud a Satanás.	Revertir el curso de la humanidad, de la desobediencia a la obediencia.	La reconciliación del mundo por parte de Dios, que lo saca de su esclavitud a la maldad.	Una influencia subconsciente mística.	Inspiración para una vida obediente y fiel.

	Teoría de la influencia moral	Teoría comercial	Teoría gubernamental	Teoría de la sustitución penal
Definición	La muerte de Cristo demostró el amor de Dios, que causa que el corazón del hombre se ablande y se arrepienta.	La muerte de Cristo trajo honor infinito a Dios. Entonces Dios dio a Cristo una recompensa que él no necesitaba, y Cristo se la pasó al hombre.	La muerte de Cristo demuestra la alta estima de Dios por su ley. Muestra la actitud de Dios hacia el pecado. A través de la muerte de Cristo Dios tiene una razón fundamental para perdonar los pecados de aquellos que se arrepienten y aceptan la muerte sustitutoria de Cristo.	La muerte de Cristo fue un sacrificio vicario (sustitutivo) que satisfizo las demandas de la justicia de Dios sobre el pecado, pagando la pena del pecado del hombre, trayendo perdón, imputando justicia y reconciliando al hombre con Dios.
Defensores	Abelardo, Bushnell, Rashdall	Anselmo	Grotio	Calvino
Base escritural	Ro 5:8; 2 Co 5:17-19; Fil 2:5-11; Col 3:24	Jn 10:18	Sal 2,5; Is 42:21	Jn 11:50-52; Ro 5:8-9; Tit 2:14; 1 P 3:18
Objeto	El Hombre	Dios/el hombre	Dios/el hombre	Dios
Condición espiritual del hombre	El hombre está enfermo y necesita ayuda.	El hombre está deshonrando a Dios.	El hombre es un infractor de la ley moral de Dios.	El hombre está totalmente depravado.
Significado de la muerte de Cristo	Demostró el amor de Dios hacia el hombre.	Trajo honor infinito a Dios.	Un sustituto para la pena del pecado. Mostró la actitud de Dios hacia el pecado.	Cristo llevó la pena del pecado, en lugar del hombre.
Valor para el hombre	El hombre, al ver el amor de Dios por él, es movido a aceptar el perdón de Dios.	Este honor, que Cristo no necesitaba, se aplica a los pecadores para salvación.	Hace legal el deseo de Dios de perdonar a aquellos que aceptan a Cristo como su sustituto.	A través de su arrepentimiento, el hombre puede aceptar la sustitución de Cristo como paga por el pecado.

65. EL ALCANCE DE LA REDENCIÓN

Redención ilimitada	
Declaración del punto de vista	La muerte de Cristo fue suficiente para todas las personas, pero eficaz para un número limitado.

Apoyo	Objeciones
Numerosos versículos parecen indicar que la muerte de Cristo fue para toda la humanidad. Los dos versículos principales son 1 Timoteo 4:10 y 1 Juan 2:2. Estos declaran que Cristo es la propiciación y el salvador del mundo. Otros versículos son Isaías 53:6; Juan 1:29; 1 Timoteo 2:6; Tito 2:11; Hebreos 2:9.	Las palabras «todos» y «todo» no siempre se refieren a la totalidad de su contenido. Un ejemplo es el empadronamiento de todo el mundo por César; esto no incluyó a los japoneses. Todo el mundo, en esos versículos, significa personas de toda el área geográfica.
La proclamación universal del evangelio está basada en la redención ilimitada de Cristo. Para que el evangelio sea ofrecido honestamente a toda la humanidad, Cristo debería haber muerto por toda la humanidad (Mt 24:14; 28:19; Hch 1:8; 17:30).	La proclamación del evangelio está basada en la obra terminada de Cristo. Los elegidos están por todo el mundo. El llevar el evangelio es un asunto de obediencia, no, de la redención ilimitada.
El amor de Dios es para todo el mundo y quien quiera creer es salvo. Entonces, el alcance de la muerte de Cristo es para todos.	El amor de Dios es para un grupo especial, como se ve en su amor por Israel (Am 3:2). Su amor es hacia los elegidos de cada área geográfica del mundo. Aquellos que creen son los que Dios ha dado al Hijo (Jn 6:37-40).
La obra de Cristo es suficiente para asegurar la salvación de los que creen, pero es asegurada por medio de la fe (Ro 10:17).	Si la muerte de Cristo fue enteramente suficiente, la fe se convierte en innecesaria y sin sentido.
Los no elegidos también gozan de los beneficios naturales del mundo, como la luz del sol, la lluvia, la buena salud, etc.	Los beneficios naturales son resultado de la gracia común de Dios. Dios los da por su carácter. Él puede ser generoso con quien él quiere.

Redención limitada definida	
Declaración del punto de vista	La venida de Cristo no fue para proveer de salvación a la humanidad, sino para hacer efectiva la salvación de los elegidos.

Apoyo	Objeciones
Aquellos que apoyan la redención limitada dicen que Dios proveyó salvación solo para su pueblo (Mt 1:21), sus ovejas (Jn 10:15,6), sus amigos (Jn 15:13), la iglesia (Hch 20:28), y la esposa (Ef 5:25).	La redención no salvará a todos los hombres, pero está disponible para todos. Estos versículos se refieren a aquellos a los que Dios eligió. Son éstos los que han hecho eficiente a la redención.
Aquellos por los que Cristo murió son los que el Padre le ha dado (Jn 6:37-40). Cristo no murió por aquellos que el Padre no le dio. Entonces, él murió por un cierto número.	Estos versículos no mencionan una redención limitada. Es evidente que solo un cierto número es elegido porque no todos serán salvos.
Cristo murió por los elegidos en cada área de este mundo. Esto es lo que la Escritura significa al decir que Cristo murió por el mundo entero (1 Ti 4:10; 1 Jn 2:2).	Tiene más sentido que la muerte de Cristo sea por toda la humanidad que él murió por las personas de cada área geográfica.
¿Qué conexión tiene la muerte de Cristo con los no elegidos? Si murió por todos, ¿por qué algunos no son salvos?	La muerte de Cristo hace a la salvación potencial para todos los hombres, pero será real solo para cierto número. Esta es la única conexión; aquellos que rechazan esto llevarán las consecuencias.
La obra intercesora de Cristo fue para sí mismo. Ya que oró solo por un cierto grupo, su intención era proveer salvación a un número limitado.	Solo un cierto número será salvo. Cristo sabía quienes serían estos y oró por ellos.
Se dice que la muerte de Cristo fue para grupos específicos: Pablo, Israel, la iglesia. Esto muestra que su obra no es ilimitada en alcance.	Su salvación es real para ciertos grupos, pero él murió por todos. Los grupos que tienen la salvación son solo un subgrupo de aquellos por los que él murió.

66. LA TEORÍA DE LA SUSTITUCIÓN PENAL EN LA REDENCIÓN

	Necesidad	Sustitución	Propiciación	Imputación
Explicación	Dios no puede, simplemente, pasar por alto el pecado del hombre ni perdonarlo, sin requerir un pago o un castigo por él. En este sentido, la redención es necesaria para el hombre, para ser justificado por su creador.	El significado normal de la palabra debe ser tomado en este contexto. Simplemente, quiere decir que la expiación es un sacrificio ofrecido en lugar del pecador, que carga con la culpa de este.	Para obtener el favor o apaciguar a Dios. Para satisfacer sus demandas y, por ello, apartar su ira. El pecado del hombre no solo entristece a Dios, sino que le produce ira. Su enojo o ira puede ser satisfecho solo por la ejecución de su justicia. Su sistema judicial no puede ser pasado por alto.	Mientras que la sustitución y la propiciación tienen que ver con aspectos negativos de la expiación (lo que Dios ha quitado de nosotros), la imputación tiene que ver con el aspecto positivo de la redención (lo que Dios nos ha dado). Dios ha quitado la culpa de los creyentes, pero también les ha imputado la justicia de Cristo.
Referencia bíblica	Hebreos 9:22	Juan 1:29; 2 Corintios 5:21; Gálatas 3:13	Levítico 4:35; Romanos 3:25-26; 5:9	Romanos 6:3-4
Objeción	¿Por qué Dios simplemente no nos perdona como un acto de buena voluntad, en vez de requerir un pago?	¿No es injusto o impropio penalizar a una parte inocente?	¿El hecho de apaciguar al Padre por parte del Hijo no revela un conflicto en la Deidad?	¿No es impropio o injusto recompensar a una parte culpable?
Respuesta a la objeciones	Aun si Dios pudiese, contra sí mismo, pasar por alto el pecado, en un acto de buena voluntad, él aún debe, por su esencia, preservar la justicia en la naturaleza. Ignorar el pecado destruiría el significado del concepto de justicia. Además, los hombres pueden simplemente perdonar a otros hombres como un acto de buena voluntad porque nosotros mismos somos imperfectos y tenemos una desesperada necesidad de perdón. Pero Dios es perfecto y no lo necesita. Entonces, se quiebra el paralelo entre el perdón del hombre y el del Dios.	La respuesta a esta pregunta es sí, a menos que la parte inocente reciba la pena voluntariamente, y el juez sea inseparable de ella. Jesús cumple con ambos requisitos. Él dio su vida voluntariamente (Jn 10:17-18) y él era inseparable del Padre. Entonces, en realidad, el juez se condenó a sí mismo.	La respuesta a esta pregunta puede ser puesta en forma de interrogación: ¿Puede una persona estar enojada y amar al mismo tiempo? Cualquier padre sabe que la respuesta es sí. El Padre se enojó por el pecado del mundo, pero amó a este tanto que envió a su Hijo para expiar el pecado del hombre. Así, el Padre no cambió su enojo por amor cuando Cristo murió en la cruz. El amor de Dios estuvo allí todo el tiempo y fue, en realidad, la motivación para la redención. Su santidad demandaba un pago por el pecado. Su amor lo proveyó.	Esta pregunta es el otro lado de la objeción a la sustitución. No parece justo que una parte inocente sea castigada y, tampoco, que una parte culpable sea recompensada. Sin embargo, esto es lo que sucede en la redención. Pero la razón por la que Dios ve esta transacción como absolutamente justa es que, cuando ponemos nuestra fe en él, nos unimos a Cristo. En un sentido, nos volvemos uno, inseparables, para que no sea una transferencia de justicia tanto como tenerla en común. Es compartida.
Implicancias acerca del carácter de Dios	Énfasis en la soberanía de Dios y su posición como administrador oficial del sistema judicial del universo.	Énfasis en el amor de Dios hacia su creación. Él define el amor por su naturaleza. El amor real siempre demanda un sacrificio personal.	Énfasis en la absoluta santidad de Dios y su enojo justificado contra el pecado. Él merece respeto y absoluta obediencia y manifiesta su ira contra la injusticia.	Énfasis en el deseo de Dios de íntima relación con su lo creado por él. Por la redención, somos herederos del Padre y coherederos con el Hijo.

67. RESULTADOS DE LA MUERTE DE CRISTO

La sustitución por los pecados

Jesús tomó nuestro lugar; él cargó la pena por nuestros pecados (Lc 22:19-20; Jn 3:36; 6:51; 15:13; Ef 1:3; Heb 2:9; 1 P 3:18; 1 Jn 5:11-12).

El cumplimiento total de la ley

La justicia imputada de Jesús se convierte en la justicia del creyente, ante Dios, como el cumplimiento perfecto de la ley (Hch 15:10; Ro 1:16-17; 3:21-22, 31; 4:5, 11, 13-16; 23-24; 5:19; 10:4; 2 Co 5:21; Gá 3:8; 4:19-31; 5:1).

Redención del pecado

Dios mismo pagó el rescate por el pecado humano, con la muerte de su Hijo (Hch 20:28; Ro 3:23-24).

Reconciliación del hombre con Dios

La actitud de Dios hacia el mundo lo ha cambiado completamente (Ro 5:10-11; 2 Co 5:18-20; Ef 2:16; Col 1:20-22).

Propiciación a Dios

La justicia de Dios y la ley han sido vindicadas (satisfechas) (Ro 3:25; Heb 4:16; 1 Jn 2:2; 4:10).

Juicio de la naturaleza pecaminosa

La naturaleza pecaminosa fue juzgada en la cruz y ahora puede ser controlada por el Espíritu en la vida del creyente. Este, posicionalmente, comparte con Cristo su crucifixión, muerte, sepultura y resurrección.

Perdón y limpieza

El creyente en Jesús tiene perdón y limpieza en la justificación y en la santificación, a través de la sangre de Cristo y su continua intercesión en el cielo (1 Jn 1:1-2:2).

Se evitan los juicios divinos

Dios ve el pecado juzgado en la muerte de su Hijo. El creyente está amparado bajo la sangre redentora de Cristo (Ro 2:4-5; 4:17; 9:22; 1 P 3:20; 2 P 3:9, 15).

Quitó los pecados cubiertos por el sacrificio anterior a la cruz

Los pecados cometidos en el tiempo de Adán y la muerte de Cristo en la cruz eran cubiertos por el sacrificio. En Cristo, fueron quitados (Hch 17:30; Ro 3:25; Heb 9:15; 10:2-26).

Salvación nacional de Israel

El futuro Israel de fe tendrá sus pecados quitados (Ro 9-11; especialmente 11:25-29).

Bendiciones mileniales y eternas para los gentiles

Las bendiciones mileniales terrenales, que se le aseguran a Israel, serán compartidas por los gentiles (Mt 25:31-46; Hch 15:17; Ap 21:24).

La victoria sobre los principados y potestades

Cristo obtuvo victoria directa y legal, en la cruz, sobre Satanás y sus huestes (Jn 12:31; 16:11; Ef 1:21; Col 2:14-15).

El terreno de la paz

La cruz trajo paz paz entre Dios y el hombre (Ro 5:1; Ef 2:13-14a; Col 1:20), entre el judío y el gentil (Ef 2:14-18; Col 3:11), y paz universal (1 Co 15:27-28; Ef 2:14-15; Col 1:20).

La purificación de las cosas celestiales

Las «cosas» celestiales fueron purificadas sobre la base de la sangre de Cristo (Heb 9:23-24).

68. VARIEDADES DE UNIVERSALISMO

Reconciliación universal (comp. con algunos barthianos)	Sostiene que la muerte de Cristo logró su propósito de reconciliar a toda la humanidad con Dios. Cualquier separación que exista entre el hombre y los beneficios de la gracia de Dios es subjetiva en naturaleza, existiendo solo en la mente del hombre. La reconciliación es un hecho logrado.
Perdón universal (comp. C.H. Dodd)	Sostiene que Dios, siendo amante, no se mantendrá sin moverse de las condiciones que él ha establecido. A pesar de amenazar con el castigo eterno, él, al final, cederá y perdonará a todos. Dios tratará a todos como si hubieran creído.
Restauración universal (comp. Orígenes)	En algún punto del futuro, todas las cosas serán restauradas a su estado original y destinado. La salvación completa podría ser precedida por ciclos de reencarnación o por algún período purgatorio, al comienzo de la vida en el más allá.
La doctrina de la segunda oportunidad	La obra de Cristo es suficiente para asegurar la salvación de los elegidos, pero la salvación se garantiza efectivamente por medio de la fe (Ro 10:10-13). Todas las personas, aun aquellas que han oído y rechazado, serán confrontadas con los reclamos de Cristo en la vida porvenir. Todos los que tienen tal oportunidad, por supuesto, la aceptarán.
Bendiciones temporales universales	Los beneficios naturales de este mundo, también, son disfrutados por todos. Éstos incluyen la luz solar, lluvia, buena salud, etc., y son resultado de la gracia común de Dios. Estas cosas son dadas por Dios, por su carácter.

Argumentos a favor	Argumentos en contra
Es ridículo pensar que un Dios viviente, todopoderoso y soberano pudiera crear un sistema por el cual una parte de la humanidad (el compendio de su creación) sería condenada al castigo eterno.	Dios no hará nada que contradiga ninguno de sus atributos. Entonces, para armonizar su perfecto amor y su perfecta justicia, trazó el plan de la redención explicado bíblicamente. Debemos aceptar el relato bíblico; no, nuestro razonamiento finito.
Condenar a los no salvos al castigo eterno como resultado de su relativamente corto trayecto de vida en la tierra es injusto.	Dios es el patrón máximo de justicia; no, el hombre.
Si un Dios soberano y todopoderoso desea que todos sean salvos (1 Ti 2:3-4; 2 P 3:9), entonces seguramente todos lo serán.	Aunque Dios desea la salvación para toda la humanidad, una persona debe responder al ofrecimiento de salvación de Dios, y muchos no lo hacen (Jn 5:40).
La muerte de Cristo absolvió a toda la humanidad de su condenación ante Dios, así como Adán trajo el pecado a toda la raza humana (Ro 5:8; 1 Co 15:22).	El contexto de ambos versículos claramente muestra que los beneficios de la muerte de Cristo son para aquellos que están en Cristo, al igual que las penalidades del pecado de Adán son para aquellos que están en Adán.

68. VARIEDADES DE UNIVERSALISMO (continuación)

Argumentos a favor	Argumentos en contra
El tema del Nuevo Testamento es el amor soberano de Dios. Si su amor es soberano, debe ser completamente victorioso. Decir que el amor de Dios no es adecuado para asegurar la salvación de toda la humanidad, al final, supone un Dios finito.	De acuerdo; Dios tiene amor infinito, pero también, tiene justicia y santidad. Él ya ha trazado un plan consistente, con todos sus atributos infinitos. Depende del hombre aceptar el plan de Dios, en vez de trazar el suyo y llamar a Dios injusto, si no lo aprueba.
Cristo pagó la pena por el pecado en favor de toda la humanidad (Heb 2:9); y legalmente, si se hace y acepta tal sustitución adecuada, es injusto para el acreedor requerir, también, el pago original.	La muerte sustitutiva de Cristo fue suficiente para la salvación de todos (2 Co 5:19); sin embargo, cada persona debe creer para que ella sea efectiva a su favor (v. 20).
El atributo que rodea totalmente a Dios es el amor. Su juicio es solo una medida temporaria para reformar a las personas no arrepentidas y es, entonces, motivado por el amor. Finalmente, todas las personas serán reformadas, sea en esta vida o en la futura; y, así, todos serán salvos.	La Escritura nunca se refiere a la morada de los incrédulos después de la muerte como un lugar de corrección. Siempre se lo describe como un lugar de destrucción y castigo (Mt 25:46; Lc 16:19:31). La única referencia a algún encuentro de Cristo con incrédulos, luego de su muerte, está en 1 Pedro 3:19; y este pasaje es, a lo sumo, solamente aplicable a los incrédulos de los días de Noé.
Al final, toda la humanidad creerá, sea en esta vida o en el más allá. (Fil 2:10-11; 1 P 3:19-20).	La muerte de Cristo hizo todas las personas salvables (2 Co 5:19). Pero el hombre debe creer, para ser salvo (v. 20).
Muchos no creerán en esta vida, pero la futura ofrece una segunda oportunidad.	Las referencias bíblicas constantes a la «fe salvadora» indican claramente que algunos no creerán (Jn 1:11-12; 3:18; 0:31).
	Las palabras de Jesús expresan, indudablemente, que algunos van a la vida eterna y otros al castigo eterno. Además, en Mateo 25:46, la palabra para «eterna» es «aionos», que significa «relacionado con el orden final de las cosas que no morirán».
Las advertencias sobre la «perdición» son puramente hipotéticas y constituyen una de las formas en las que Dios asegura la salvación universal de toda la humanidad.	Otras referencias del Nuevo Testamento apuntan a la destrucción de los no elegidos (Ro 9:22; 2 Ts 1:9; Ap 21:8).
	Cristo y los apóstoles estaban constantemente advirtiendo a las personas sobre la ira de Dios y el juicio del pecado, y los llamaban urgentemente al arrepentimiento. Por ende, si el universalismo es verdad, Cristo y los apóstoles eran ignorantes o excesivamente engañosos.

69. PUNTOS DE VISTA SOBRE LA SANTIDAD

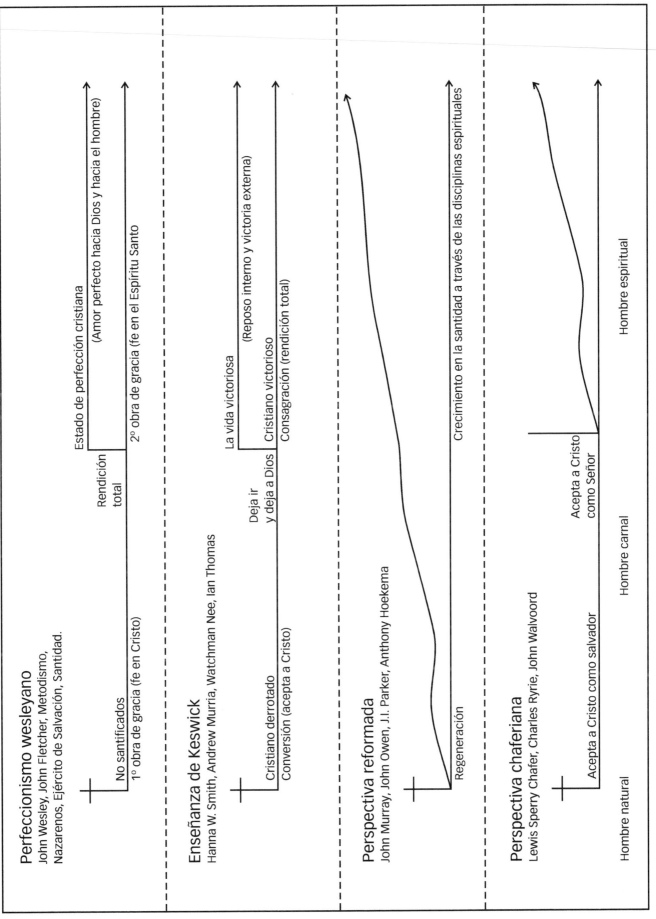

Perfeccionismo wesleyano
John Wesley, John Fletcher, Metodismo, Nazarenos, Ejército de Salvación, Santidad.

No santificados

1º obra de gracia (fe en Cristo)

Rendición total

Estado de perfección cristiana

(Amor perfecto hacia Dios y hacia el hombre)

2º obra de gracia (fe en el Espíritu Santo)

Enseñanza de Keswick
Hanna W. Smith, Andrew Murria, Watchman Nee, Ian Thomas

Cristiano derrotado
Conversión (acepta a Cristo)

Deja ir y deja a Dios

La vida victoriosa

(Reposo interno y victoria externa)

Cristiano victorioso
Consagración (rendición total)

Perspectiva reformada
John Murray, John Owen, J.I. Parker, Anthony Hoekema

Regeneración

Crecimiento en la santidad a través de las disciplinas espirituales

Perspectiva chaferiana
Lewis Sperry Chafer, Charles Ryrie, John Walvoord

Acepta a Cristo como salvador

Hombre natural

Acepta a Cristo como Señor

Hombre carnal

Hombre espiritual

Randy Gleason (Adaptado y usado con permiso).

70. CINCO PUNTOS DE VISTA SOBRE LA SANTIFICACIÓN

	Punto de partida	La obra de Dios	La responsabilidad del hombre	Efectos de la santificación	Alcance de la santificación
Wesleyano	La santificación comienza en la conversión (nuevo nacimiento), cuando una persona responde a la gracia previniente de Dios para salvación (19,25). *	La santificación es una obra de la gracia de Dios. El Espíritu Santo actúa para regenerar el corazón rebelde del creyente, haciéndolo sincero. Luego de la salvación (la respuesta del hombre a la gracia previniente de Dios), Dios le da al hombre gracia santificadora para permitirle evitar el pecado voluntario (25).	El hombre está obligado a seguir la voluntad de Dios (27). Debe ser santo (1 P 1:15-16) y vestirse del «nuevo hombre» (Ef 4:22, 24). Uno puede perder su salvación por una continua desobediencia a Dios. El cristiano debe «cumplir la ley basándose en la fe» (27).	La santificación produce amor en acción (27). El hombre está libre del poder de la ley (27). El Espíritu Santo comunica la naturaleza de Dios a los creyentes y les imparte una vida de amor, dándoles un nuevo corazón, haciéndoles amar, en vez de desobedecer (28).	El cristiano debe alcanzar un punto en el que no peque voluntariamente contra Dios (Mt 5:48; 6:13; Jn 3:8) (15). Aquí la lucha entre el bien y el mal cesa (17). Este es un estado de «santificación completa» (17-19). El creyente será perfecto, en términos de faltas desconocidas, solo en la Segunda Venida de Cristo.
Reformado	La santificación comienza en la conversión, a través de la fe salvadora (61-62).	Dios nos renueva a su semejanza al conformarnos a Cristo (Ro 8:29). Es un proceso continuo, por el cual el Espíritu Santo obra en nosotros (2 Co 3:18).	El hombre debe seguir el ejemplo de Cristo (67). Debe servir a los miembros del cuerpo de Cristo (Jn 13:14-15). También debe vestirse del pensamiento de Cristo (Fil 2:5-11). El hombre debe cooperar con la obra de Dios en él, expresando gratitud por la salvación (85).	El cristiano ya no tiene su viejo hombre, que fue crucificado (Ro 6:6). A través de la santificación, el cristiano es, genuinamente, una nueva persona, aunque no, totalmente (74). La santificación continúa toda la vida, durante la cual la persona es renovada. Por ejemplo, puede resistir el pecado (82). Además, Dios conforma al creyente a su imagen (Ro 8:29).	El creyente se parece más a Cristo, a través de la santificación; sin embargo, la perfección no se obtiene en esta vida (84). El creyente debe continuar luchando con el pecado mientras viva (Gá 5:16-17).
Pentecostal	Los pentecostales de la santidad creen que una segunda obra del Espíritu Santo santifica al creyente en una experiencia crítica, por la cual el pecado original es completamente quitado (108-9, 134). Otros pentecostales (por ejemplo, Asambleas de Dios) afirman que los creyentes que han recibido la nueva vida por el Espíritu (salvación) reciben más tarde un bautismo habilitante del Espíritu Santo que comienza en ellos una vida de crecimiento espiritual (193). Esta obra posterior del Espíritu es continua y, no, una experiencia crítica única (109-10).	Dios produce un bautismo en el Espíritu (la obra inicial de la santificación) para producir crecimiento (118). La sangre de Cristo también nos purifica del pecado continuamente (1 Jn 1:7) (117). La Palabra de Dios, además, produce santificación en el creyente (120).	El hombre debe cooperar con el Espíritu Santo, presentándose a Dios (Ro 12:1-2) (120). Debemos constantemente obedecer a Dios (126). Esto implica hacer morir las cosas pecaminosas que pertenecen a nuestra naturaleza terrenal (1 Ts 4:3-4) (117).	La santificación es tanto posicional como progresiva (113-14). Es instantánea, en el hecho de que inmediatamente pone al creyente aparte del pecado, para Dios (Col 2:11-12) (115-16). La santificación es también progresiva, por la cual Dios continúa limpiándonos del pecado (1 Jn 1:7) (117).	El objeto de la santificación es «la santificación completa», por la cual el creyente obtiene el «deseo sincero y determinación de hacer la voluntad de Dios» (124). El creyente aún es tentado y retiene su vieja naturaleza a lo largo de su vida terrenal (124).

* Las cifras entre paréntesis indican los números de página en Melvin E. Dieter et.al., *Five Views on Sanctification* [Cinco puntos de vista sobre la santificación], Zondervan, Grand Rapids, MI, 1987. Usado con permiso.

70. CINCO PUNTOS DE VISTA SOBRE LA SANTIFICACIÓN (continuación)

	Punto de partida	La obra de Dios	La responsabilidad del hombre	Efectos de la santificación	Alcance de la santificación
Keswick	La santificación comienza con la fe (en la salvación).	Dios (Padre, Hijo y Espíritu Santo) viene a morar con el creyente y lo renueva a la semejanza de Dios (174).	El hombre debe vivir en el Espíritu para recibir toda la plenitud de Dios (Ef 3:19). El interés principal de la vida cristiana debe ser tener una relación cercana con Dios (166).	El cristiano «normal» (siendo santificado) debe tener victoria constante sobre el pecado conocido (153). La vieja naturaleza no es erradicada pero es contrarrestada por al obra del Espíritu Santo en el creyente (157). La santificación es tanto posicional (perdón, justificación, regeneración [nuestro nueva vida recibidal]), y experimental (nuestro llamado a la santidad, 2 Co 7:1). El hombre está aún influenciado por el pecado, pero no necesariamente bajo su control (174). Tiene un nuevo potencial: la habilidad de elegir lo correcto y realizarlo consistentemente (178).	El creyente no obtendrá la perfección en esta vida, pero debe experimentar un éxito consistente en superar al pecado (155). La vida de un cristiano debe ser controlada por el Espíritu Santo (155). La santificación total no ocurre hasta la Segunda Venida de Cristo (1 Jn 3:2) (160).
Agustiniano-dispensa-cional	La santificación comienza en el momento de la conversión (fe salvadora) (205).	En la regeneración (en el momento de la salvación), Dios prepara al individuo para la santificación experimental (209). El bautismo del Espíritu Santo pone al creyente en el cuerpo de Cristo, permitiéndole tener comunión, recibir poder espiritual, llevar fruto, etc. (213). El Espíritu mora en todos los creyentes y también llena a aquellos que se rinden a él voluntariamente (218). Debido a la morada del Espíritu, el cristiano puede crecer en santificación.	El hombre es responsable de andar en el Espíritu (depender continuamente del poder del Espíritu) (220). Usando el poder de Dios, los cristianos deben evitar el pecado, que contrista al Espíritu en ellos (219). Debemos estar dispuestos a seguir la voluntad y dirección de Dios para nuestras vidas (219). Los creyentes de hoy deben reflejar la santidad de Dios como un ejemplo de la gracia de Dios (226).	El cristiano tiene dos naturalezas: La carne y el espíritu, que se oponen (Ro 7) (203). Las dos naturalezas en el hombre son paralelas a las dos naturalezas de Cristo (humana y divina) (203-4). El creyente recibe un «nuevo hombre», que es una nueva vida que emerge de su nueva naturaleza (Col 3:9-10) (208).	Los cristianos no recibirán la perfección total hasta que estén en el cielo (Ef 5:25-27, 1 Jn 3:2).

71. EL FUNDAMENTO DE LA IGLESIA

Punto de vista uno	Punto de vista dos	Punto de vista tres
«La roca»=Pedro	«La roca» = Cristo	«La roca» = la confesión de Pedro
Sostenido por Tertuliano, Cipriano, Vaticano I y XI	Sostenido por Agustín, Calvino, Zwingli	Sostenido por Crisóstomo, Zahn
Argumentos a favor:	**Argumentos a favor:**	**Argumentos a favor:**
Cristo estaba hablando a Pedro cuando mencionó la roca.	Pasajes como 1 Corintios 3:11; 1 Pedro 2:4-8.	Cristo estaba satisfecho con la confesión de Pedro (Mt 16:16-18).
Petros (Pedro) significa una roca pequeña. Según el Catolicismo Romano, Pedro fue el primer Papa.	*Petra* se usa metafóricamente hablando de Cristo en el Nuevo Testamento.	La confesión de Pedro es aquella en la que se estableció el oficio de predicador.
	Cristo hace una distinción entre *petros* y *petra*.	
Argumentos en contra:	**Argumentos en contra:**	**Argumentos en contra:**
Se hace una distinción entre *petros* (una pequeña roca) y *petra* (una gran roca).	Cristo, posiblemente, no usó estas palabras exactas, ya que hablaba arameo.	Pedro rechazó la muerte inminente de Cristo (Mt 16:22-23).
Pedro llama a Cristo el fundamento (1 P 1:4-8).	Cristo nunca reclama ser la roca.	El oficio de predicador fue establecido mucho antes de la confesión de Pedro.
Pedro nunca reclamó ser el Papa. El v.11 del cáp. 3 de 1 Corintios hace imposible que Pedro sea el fundamento de la iglesia.		

72. UNA COMPARACIÓN DISPENSACIONAL DE ISRAEL Y LA IGLESIA

		Israel	Iglesia
	Semejanzas	-Ninguno representa la totalidad del programa de Dios. -Ambos comparten el mayor programa del reino de Dios. -Ambos son diseñados para glorificar a Dios, aunque de diferentes maneras. -Hay una continuidad entre las dos entidades.	
D	Relación	Relación basada en el nacimiento físico.	Relación basada en el nacimiento espiritual.
I			
F	Cabeza	Abraham	Cristo
E			
R	Nacionalidad	Una nación	De todas las naciones
E			
N	Interacción divina	Nacional e individual	Salvación individual, pero relación en el cuerpo de Cristo.
C			
I	Dispensaciones	De Abraham en adelante	Restringida solo a esta edad.
A			
S	Principio gobernante	Englobado en el pacto mosaico (en el futuro, en el nuevo pacto).	Un sistema de gracia que incluye la ley.

73. LA IGLESIA LOCAL CONTRASTADA CON LA IGLESIA UNIVERSAL

Visible	Invisible
Membresía: salvados y perdidos.	Membresía: solo salvos.
Solo personas que actualmente viven.	Tanto vivos como muertos en Cristo.
Muchas iglesias locales.	Solo una iglesia universal.
Diferentes denominaciones.	Ninguna denominación.
Parte del cuerpo de Cristo.	El cuerpo de Cristo completo.
Diferentes tipos de gobierno.	Cristo, la única cabeza.
Ministran las ordenanzas (o sacramentos).	Ordenanzas satisfechas (Por ej. 1 Co 11:23-26; Ap 19:9).

73. LA IGLESIA LOCAL CONTRASTADA CON LA IGLESIA UNIVERSAL

74. ANALOGÍAS DE CRISTO Y LA IGLESIA

Cristo	Iglesia	Referencia	Terminología
Cabeza	Cuerpo	Colosense 1:18 a	«Él es la cabeza del cuerpo, que es la iglesia»
Piedra angular	Templo	Efesios 2:20-21	«siendo Cristo Jesús mismo la piedra angular»
Amado	Virgen	2 Corintios 11:2	«pues los tengo prometidos a un solo esposo, que es Cristo, para presentárselos como una virgen pura»
Esposo	Esposa	Apocalipsis 21:9	«Ven, que te voy a presentar a la novia, la esposa del Cordero»
Gobernador (implícito)	Ciudad	Apocalipsis 21:9-10	«y me mostró la ciudad santa, Jerusalén, que bajaba del cielo, procedente de Dios»
Dueño	Pueblo	Tito 2:14	«y purificar para sí un pueblo elegido»
Pastor	Rebaño	1 Pedro 5:2-4	«Cuiden como pastores el rebaño de Dios (…) Así, cuando aparezca el Pastor supremo, ustedes recibirán la inmarcesible corona de gloria»
Primogénito	Familia	Efesios 2:19 Colosenses 1:18b	«miembros de la familia de Dios» «Él es el principio, el primogénito»
Creador	Hombre nuevo	Efesios 2:15	«Esto lo hizo para crear en sí mismo de los dos pueblos una nueva humanidad»
Fundador (implícito)	Pueblo elegido	1 Pedro 2:9	«Ustedes son linaje escogido (…) Nación santa, pueblo que pertenece a Dios»
Sumo sacerdote	Real sacerdocio	Hebreos 4:14 1 Pedro 2:9	«ya que en Jesús, el Hijo de Dios, tenemos un gran sumo sacerdote» «real sacerdocio»
Heredero	Herencia	Efesios 1:18	«cuál es la riqueza de su gloriosa herencia entre los santos»

75. LOS OFICIOS DE ANCIANO Y DIÁCONO: REQUISITOS Y DEBERES

Requisitos

Ancianos
- Hospitalario (1 Timoteo 3:2; Tito 1:8).
- Apto para enseñar (1 Timoteo 3:2; 5:17; Tito 1:9).
- No violento, sino gentil (1 Timoteo 3:3; Tito 1:7).
- No es pendenciero (1 Timoteo 3:3).
- No es un recién convertido (1 Timoteo 3:6).

Auto controlado (1 Timoteo 3:2; Tito 1:8).
- Que no se enseñorea (Tito 1:7).
- No iracundo (Tito 1:7).
- Amante de lo bueno (Tito 1:8).
- Justo y santo (Tito 1:8).
- Disciplinado (Tito 1:8).

Diáconos y ancianos
- Tiene buen testimonio de los de afuera (1 Timoteo 3:7).
- Sin reproche (irreprensible) (1 Timoteo 3:2, 9; Tito 1:6).
- Con una esposa (1 Timoteo 3:2, 12; Tito 1:6).
- Moderado (1 Timoteo 3:2, 8; Tito 1:7).
- Respetable (1 Timoteo 3:2, 8).
- No dado al vino (1 Timoteo 3:3, 8; Tito 1:7).
- Que gobierna bien su casa (1 Timoteo 3:4, 12; Tito 1:6).

Tiene hijos obedientes (1 Timoteo 3:4-5, 12; Tito 1:6)
- No persigue ganancia deshonesta (1 Timoteo 3:8; Tito 1:7).
- Se sujeta firmemente a las verdades profundas (1 Timoteo 3:9; Tito 1:9).

Diáconos
- Sincero (1 Timoteo 3:8).
- Probado (1 Timoteo 3:10).

Deberes

Ancianos
- Pastoral: Pastorean la iglesia (1 Pedro 5:2, Judas 12).
- Administrativo: gobiernan la iglesia (1 Timoteo 5:17; Tito 1:7).
- Educacional: enseñar al a iglesia (Efesios 4:12-13; 1 Timoteo 3:2).
- Oficiador: guiar en las funciones de la iglesia (Santiago 5:14).

Diáconos
- Ayudar a los pobres (Hechos 6:1-6).
- Aliviar a los ancianos (Hechos 6:1-4).
- Representativo: representar a la iglesia (Hechos 20:17; 1 Timoteo 5:17).

76. REQUISITOS FUNCIONALES DE LOS ANCIANOS Y DIÁCONOS

Relación con Dios

Aferrado firmemente a las verdades escriturales
(1 Timoteo 3:9; Tito 1:9).
Justo y santo
(Tito 1:8).
Apto para enseñar
(1 Timoteo 3:2; 5:17; Tito 1:9)

Sin reproche
(1 Timoteo 3:2, 9; Tito 1:6).
No un recién convertido
(1 Timoteo 3:6).
Amante de lo bueno
(Tito 1:8).

Probado
(1 Timoteo 3:10)

Relación con otros

Sincero
(1 Timoteo 3:8)
Respetable
(1 Timoteo 3:2, 8)
Hospitalario
(1 Timoteo 3:2; Tito 1:8)
No pendenciero
(1 Timoteo 3:3)

No violento sino gentil
(1 Timoteo 3:3; Tito 1:7)
Buena reputación con los de afuera
(1 Timoteo 3:7)
Que no se enseñorea
(Tito 1:7)
No codicioso de ganancias deshonestas
(1 Timoteo 3:8; Tito 1:7)

Relación consigo mismo

Disciplinado
(Tito 1:8)
Moderado
(1 Timoteo 3:2, 8; Tito 1:7)
No amante del dinero
(1 Timoteo 3:3)

Auto controlado
(1 Timoteo 3:2; Tito 1:8)
No iracundo
(Tito 1:7)
No dado al vino
(1 Timoteo 3:3, 8; Tito 1:7)

Relación con la familia

Una sola esposa
(1 Timoteo 3:2, 12)

Gobierna bien a su familia
(1 Timoteo 3:4, 12; Tito 1:6)

Hijos obedientes
(1 Timoteo 3:4-5, 12; Tito 1:6)

Sujeto	Palabra griega: presbyteros; literalmente «una persona de edad».	En la antigüedad, los ancianos eran los gobernadores. El término se desarrolló con un título dado a cualquier soberano, de cualquier edad.	Uso en el Nuevo Testamento: generalmente del oficio de gobernador: ancianos de la nación Judía (Hch 4:8), ancianos de la iglesia cristiana (Hch 14:23).		El ancianato de la Iglesia no viene del ancianato judío.
Requisito para el anciano (1 Timoteo 3:1-7) (Tito 1:5-9)	Una vida irreprensible; conducta justa (Tit 1:6-8; 1 Ti 3:2, 9).	Templado (no pendenciero, paciente) (1 Ti 3:3; Tit 1:7-8).	Amante de lo bueno (no dado al vino, ni codicioso de dinero, ni injusto, ni avaro) (1 Ti 3:3; Tit 1:8).	Un hombre de familia, con una sola mujer e hijos fieles (1 Ti 3:2, 4; Tit 1:6).	Una buena reputación con los de afuera. Piadoso por fuera = piadoso por dentro (1 Ti 3:7).
	Se aferra a la Palabra, es fiel a la doctrina (Tit 1:9).	Apto para enseñar, asume conocimiento (1 Ti 3:2).	Discreto, sensato al resolver problemas (1 Ti 3:2; Tit 1:7).	Un cristiano maduro (solo los maduros pueden manejar la autoridad del liderazgo). (1 Ti 3:6).	Debe ser un hombre (no se permite a las mujeres gobernar en la iglesia). (1 Ti 2:11-12).
Deberes del anciano	Administrativo (gobernar la iglesia como mayordomo de Dios: Tit 1:7; 1 P 5:2-3).	Pastoral (pastorear a la iglesia, alimentar a la grey: Hch 20:28; 1 P 5:2).	Educacional (enseñar en la iglesia, corrección, exhortación: 1 Ti 3:2; Tit 1:9).	Oficiador (Liderar, presidir sobre la iglesia: Stg 5:14).	Representativo (representar a la iglesia donde sea necesario: Hch 20:17-31).
Autoridad del anciano	La autoridad del anciano es espiritual; no, eclesiástica; no es fundamental para la existencia o continuación de la Iglesia.		La autoridad del anciano es delegada por la iglesia; solo tiene la autoridad que ella le da, que, también, le puede ser quitada.		La autoridad del anciano se limita a la iglesia local que lo eligió.
Número de ancianos	La pluralidad de ancianos era común en cada una de las iglesias del Nuevo Testamento (Hch 14:23; 20:17; Tit 1:5).	1 Timoteo 3:2 es un ejemplo de ancianato singular: «obispo», pero esto es más probablemente una referencia a un líder, un presidente de ancianos/diáconos.		No se da un número definido para que la iglesia elija.	Ancianato plural con igualdad de autoridad (Stg 5:14).
Elección del anciano	Uno que anhela este oficio anhela una «noble función» (1 Ti 3:1).		La iglesia necesita realizar una cuidadosa investigación para ver si la vida de un hombre cumple con los requisitos (1 Ti 3:1-13; Tit 1:5-9).		No se especifica la duración del ancianato.
Ordenación del anciano	«Ordenación»: Debe referirse a un acto de «nombramiento», no, a una ceremonia formal de entrada al oficio.	La ceremonia de ordenación es la siguiente: imposición de manos, oraciones, ayuno, lectura de los requisitos, votos.		Los ancianos de la iglesia deben estar a cargo de la ceremonia, como en todas las reuniones oficiales.	La ordenación es el reconocimiento de la idoneidad espiritual en los oficiales elegidos.(Hch 6:3-6).
Dignidad del anciano	Jesús fue llamado «obispo» (1 P 2:25). Pedro fue llamado un «anciano también» (1 P 5:1). Juan fue un anciano (2 Jn 2:1). Se exhortó a la iglesia a respetar la dignidad de este oficio (1 Ts 5:12-13; Heb 13:7, 17, 24).				
Responsabilidad del anciano	El anciano debe ser visto y verse a sí mismo como un mayordomo de Dios (Lc 12:43-44).				
Recompensas del anciano	Tendrá un aumento de autoridad (1 P 5:1-4).		También tendrá la corona eterna de gloria, que no es para todos los cristianos, sino para el anciano fiel.		

78. EL OFICIO DE DIÁCONO

Sujeto		Componente / apoyo / Escrituras		
Oficio de diácono	Diakonos (diácono) significa uno que sirve.	El uso de *diakonos* (διακονος) en el Nuevo Testamento: como «ministro», 20 veces (Ej. Ef 3:7); «siervo», 7 veces (Mt 23:11; Jn 2:5); «diácono» 3 veces (fil 1:1; 1 Ti 3:8-12).*	El término se aplica a un oficio especial de servicio en la iglesia.	Origen posible: los 7 siervos de Hechos 6:1-6.
Requisitos de los diáconos 1 Timoteo 3	Carácter: 1 Timoteo 3:8. Gracia; que hable con claridad, sin doble sentido; que no sea dado a mucho vino; que no codicie dinero; que sea apto para manejar fondos para los pobres. Debe poder resolver bien asuntos de dinero, en general, para la iglesia.	Fe: 1 Timoteo 3:9 Debe sostener los misterios de la fe en conciencia pura. No necesita tener el don o la capacidad natural para enseñar, pero debe entender y sostener la doctrina.	Relaciones familiares: 1 Timoteo 3:12. Igual que el anciano. Debe ser esposo de una sola mujer, gobernando bien a sus hijos. Esto trae confianza a la Iglesia ya que el diácono maneja sus asuntos.	
	Reputación: Hechos 6:3 Debe ser conocido por ser lleno del Espíritu Santo y de sabiduría.	Juicio: 1 Timoteo 3:2-4 De buen juicio. Sensato, sobrio y auto controlado.	Espiritualidad: Hechos 6:3 Lleno del Espíritu. Manejar fondos para los pobres y servir las mesas requiere mayor habilidad de administración y sabiduría secular.	Sexo: 1 Timoteo 3:11 Las mujeres pueden ser elegidas para este oficio. Tienen requisitos especiales. No deben calumniar ni chismosear porque mucho de su servicio incluye la visitación. Ver Romanos 16:1: Febe. Otro punto de vista es que el pasaje se refiere a las esposas de los diáconos, en vez de a diaconisas.
Requisitos de los diáconos 1 Timoteo 3	Ayudar a los pobres. El trabajo de la iglesia local es ayudar a sus propios pobres. Hechos 6:1-6 y 1 Timoteo 3:8 sugiere que los diáconos manejan los fondos de la iglesia.	Aliviar a los pobres. Esto pertenece a un número de ministerios que permiten a los ancianos continuar su énfasis espiritual en la Iglesia.		
Elección de los diáconos	Se necesita un tiempo de prueba (1 Ti 3:10).	Se realiza una elección formal por parte de la Iglesia (Hch 6:1-6)..	El número de diáconos siempre es plural en la Iglesia primitiva (Hch 6:1-6; Fil 1:1).	
Duración de los diáconos	No se especifica la duración.			
Dignidad de los diáconos	El término implica mucho honor.	Servicio angélico (Mt 4:11) como el del mismo Señor (Mt 20:28).		
Dignidad de los diáconos	Buena reputación, respeto (1 Ti 3:7-8), sabiduría y denuedo (Hch 6:8-10).			

*El uso puede variar de acuerdo con la traducción bíblica utilizada.

79. CUATRO PUNTOS DE VISTA SOBRE EL BAUTISMO EN AGUA

Punto de vista	Católico Romano Medio de la gracia salvadora	Luterano Imparte gracia salvadora en aquel que ejercita la fe verdadera
Declaración del punto de vista/significado del bautismo	«Tanto al despertar como al fortalecer la fe, el bautismo efectúa la limpieza de la regeneración». Para los católicos esto ocurre con el bautismo *ex opere operato*, o por la obra del elemento mismo. La fe no debe estar presente. La obra es únicamente la obra de Dios en la persona. Erradica tanto el pecado original como los pecados veniales. Infunde gracia santificadora.	Para que el bautismo sea eficaz, previamente al mismo debe ejercitarse fe salvadora. Sin la fe salvadora el bautismo es ineficaz.
Sujetos	Infantes y adultos	Adultos y niños
Modo	Aspersión	Aspersión o inmersión
Apoyo	Hechos 22:16 y Tito 3:5 unen la salvación y el bautismo. Hechos 2:38 une el arrepentimiento y el bautismo para salvación. Otros apoyos escriturales: Juan 3:5; Romanos 6:3; 1 Corintios 6:11; 1 Juan 3:9; 5:8. Apoyo de los padres de la Iglesia: La epístola de Bernabé, El pastor de Hermas, San Justino, Tertuliano, Cipriano. Apoyado por el Concilio de Trento.	Hechos 2:41; 8:36-38; 10:47-48; 16:15, 31-34; 18:8; Romanos 6:1-11
Objeciones	Efesios 2:8 y 9 dice que la salvación es por gracia, a través de la fe. El énfasis del Nuevo Testamento es en la fe, aparte de la obras. El bautismo está relacionado muy de cerca con la conversión, en el Nuevo Testamento, pero nunca es un requisito para ella. Los creyentes del Nuevo Testamento eran todos adultos, no hay un ejemplo claro del bautismo de infantes en el Nuevo Testamento.	Solo en cuanto a la fe, esta posición difiere del punto de vista católico, que no requiere fe salvadora de parte del que es bautizado. El bautismo es eficaz en sí mismo. En Marcos 16:16 no refleja que este sea necesario. En Marcos 16:16, solo la incredulidad condena. El uso del bautismo como medio de asegurar la gracia no es claramente enseñado por Cristo ni por Pablo. Esto sugiere que no es esencial. Las muchas personas con las que Jesús trató no fueron confrontadas con necesidades bautismales, sino con la necesidad de fe. Incorporar el bautismo con la fe para la salvación viola lo que dice Efesios 2:8-9. El problema de las obras existe.

79. CUATRO PUNTOS DE VISTA SOBRE EL BAUTISMO EN AGUA (continuación)

Punto de vista	Reformado Símbolo y sello del pacto	Bautista Símbolo de la salvación
Declaración del punto de vista/significado del bautismo	Los sacramentos son signos y sellos externos de una realidad interna. «El bautismo es el acto de fe por el cual somos traídos al pacto y, por ende, experimentamos sus beneficios». El bautismo es la iniciación dentro del pacto y un símbolo de la salvación.	Es simplemente un testimonio; la primera profesión de fe que el creyente hace. El rito muestra a la comunidad que el individuo ahora se identifica con Cristo. Es un símbolo de una realidad interna y no es un sacramento. No hay un efecto objetivo en la persona.
Sujetos	Infantes y adultos	Adultos y niños creyentes
Modo	Aspersión o rociamiento	Inmersión
Apoyo	El bautismo continúa el pacto hecho a Abraham y su simiente (Gn 17:7). Reemplaza a la circuncisión (Hch 2:39; Ro 4:13-18; Gá 3:13-18; Col 2:11-12). Las familias enteras son incluidas en el bautismo como en el Antiguo Testamento lo eran en el pacto (Hch 16:15, 33; 18:19).	En el Nuevo Testamento, la fe salvadora es siempre un pre-requisito para la salvación. El Nuevo Testamento ejemplifica cómo los creyentes adultos deben ser bautizados. El bautismo por inmersión representa la muerte de Cristo y su resurrección. Muchos textos del Nuevo Testamento tratan la salvación por fe, aparte del bautismo (Lc 23:43; Hch 16:30-31; Ef 2:8-9).
Objeciones	La Iglesia e Israel no son la misma entidad. La circuncisión marcaba la entrada a la teocracia que incluía a creyentes e incrédulos. La circuncisión era solo para los hijos, el bautismo es para todos los creyentes. Los creyentes del Nuevo Testamento eran todos adultos. En él, no hay un ejemplo claro del bautismo de infantes.	El Nuevo Testamento tiene ejemplos de bautismos familiares, que, probablemente, incluían niños (Hch 16:29-34). La iglesia primitiva, aparentemente, bautizaba a infantes incrédulos de padres creyentes. Muchos versículos del Nuevo Testamento relacionan de cerca el bautismo y a la salvación.

80. CUATRO PUNTOS DE VISTA SOBRE LA CENA DEL SEÑOR

	Transubstanciación	Consubstanciación	Reformado	Memorial
Grupos (denominaciones)	Católico Romano	Luteranos	Presbiterianos, otras Iglesias reformadas	Bautistas, menonitas.
«Fundador» de la posición	Tomás de Aquino	Martín Lutero	Juan Calvino	Ulrich Zwingli
Presencia de Cristo	A través de la consagración, el pan se convierte en el cuerpo de Cristo, y el vino, en su sangre. Cristo está verdadera y sustancialmente presente en los elementos mismos.	Los elementos no cambian a la presencia de Cristo, pero él está presente en, con y bajo los elementos.	Cristo no está realmente presente en los elementos. Él está presente espiritualmente en el partimiento de los elementos.	Cristo no está presente en los elementos ni literal ni espiritualmente.
Significado de la Cena del Señor	Es alimento espiritual para el alma: fortalece al participante y lo libera de los pecados veniales. Cristo es sacrificado en cada misa para expiar los pecados del participante.	El receptor tiene el perdón de sus pecados y la confirmación de su fe. Sin ella, la participación no otorga ningún beneficio.	Es la conmemoración de la muerte de Cristo, que imparte gracia para sellar a los participantes en el amor de aquel. La Cena brinda alimento espiritual y lo trae a uno más cerca de la presencia de Cristo.	Es una conmemoración de la muerte de Cristo, por medio de la cual el participante recuerda los beneficios de la redención y salvación que ella produjo.

80. CUATRO PUNTOS DE VISTA SOBRE LA CENA DEL SEÑOR (continuación)

	Transubstanciación	Consubstanciación	Reformado	Memorial
Documentos principales	Decretos del Concilio de Trento	Confesión de Augsburgo Catecismo reducido	Confesión de Westminster Segunda confesión Helvética	Confesión de Schleithem Confesión de Dordrecht
Administrador adecuado	Sacerdote	Ministro ordenado	Pastor Líderes de la Iglesia	Pastor Líderes de la Iglesia
Participantes	Los miembros de la Iglesia participan del pan. La copa no se da a los laicos.	Solo los creyentes.	Solo los creyentes.	Solo los creyentes (algunos grupos practican la comunión cercana, en la que el participante debe ser miembro de la denominación. Otros, la comunión cerrada, en la que uno debe ser miembro de la iglesia local).
Interpretación de «este es mi cuerpo»	Interpretación literal	Interpretación literal	Interpretación no literal	Interpretación no literal
Puntos de acuerdo	1. La Cena del Señor fue establecida por el mismo Jesús (Mt 26:26-28; Mr 14:22-24; Lc 22:19-20). 2. Jesús mandó la repetición de la Cena del Señor (Mt 26:29). 3. La Cena del Señor proclama la muerte de Jesucristo (1 Co 11:26) 4. La Cena del Señor imparte algún tipo de beneficio espiritual al participante.			

81. DISCIPLINA EN LA IGLESIA

«Muchas personas fallan al hacer una distinción clara entre castigo y disciplina, y hay una diferencia muy significativa entre estos dos conceptos. El *castigo* es ejecutar una *retribución* por algo mal hecho. La *disciplina*, por otro lado, es animar a la *restauración* de la persona implicada en el hecho. El castigo está diseñado, principalmente, para vindicar el error y asegurar la justicia. La disciplina, para corregir a aquel que ha fallado en vivir de acuerdo con los parámetros de la Iglesia y/o la sociedad».*

Pasaje	Problema	Procedimiento	Propósito
Mateo 18:15-18	El pecado de un «hermano» (indefinido).	1.Represión privada 2.Conferencia privada 3.Anuncio público 4.Exclusión pública	Restauración («ganar a tu hermano»).
1 Corintios 5	Inmoralidad Avaricia Idolatría Borrachera Estafa	1.Dolor corporativo 2.Quitar de en medio 3.No asociarse	Restauración (5:5) Purificación (5:7)
2 Corintios 2:5-11	Sin nombre	Luego del arrepentimiento sincero: 1.Perdón 2.Consuelo 3.Amor	Restauración (2:7) Protección (2:11)
Gálatas 6:1	«Pecado»	Restaurarlo 1.Como personas espirituales 2.Con mansedumbre 3.Con reflexión	Restauración (2:11)
2 Tesalonicenses 3:6-15	Pereza, murmuración («entremetidos»).	1.Tomar nota de él. 2.Mantenerse alejado de él 3.Amonestarlo (Como a hermano; no, enemigo).	Restauración («debe sentirse avergonzado»).
1 Timoteo 5:19-20	Una acusación contra un anciano hecha sin testigos.	1.Necesita 2-3 Testigos. 2.Si continúa, Reprenderlo Delante de todos.	Purificación («para que sirva de escarmiento»).
Tito 3:9-11	Causa divisiones	1.Dar dos advertencias. 2.Rechazarlo (como perverso, pecador, condenado a sí Mismo).	Protección (contra la división).

*Carl Laney, A Guide To Church Discipline [Guía para la disciplina en la Iglesia], Bethany, Minneapolis, MN, 1985, p. 79.

82. DIAGRAMA DE FLUJO DE LA DISCIPLINA DE LA IGLESIA

1. **Inmoralidad sexual abierta (1 Corintios 5:1-13).**
2. **Conflictos personales no resueltos (Mateo 18:15-20).**
3. **Causar divisiones (Romanos 16:17-18; Tito 3:10).**
4. **Falsa enseñanza (Gálatas 1:8, 9; 1 Timoteo 1:20; 6:3-5; 2 Juan 9-11; Apocalipsis 2:14-16).**

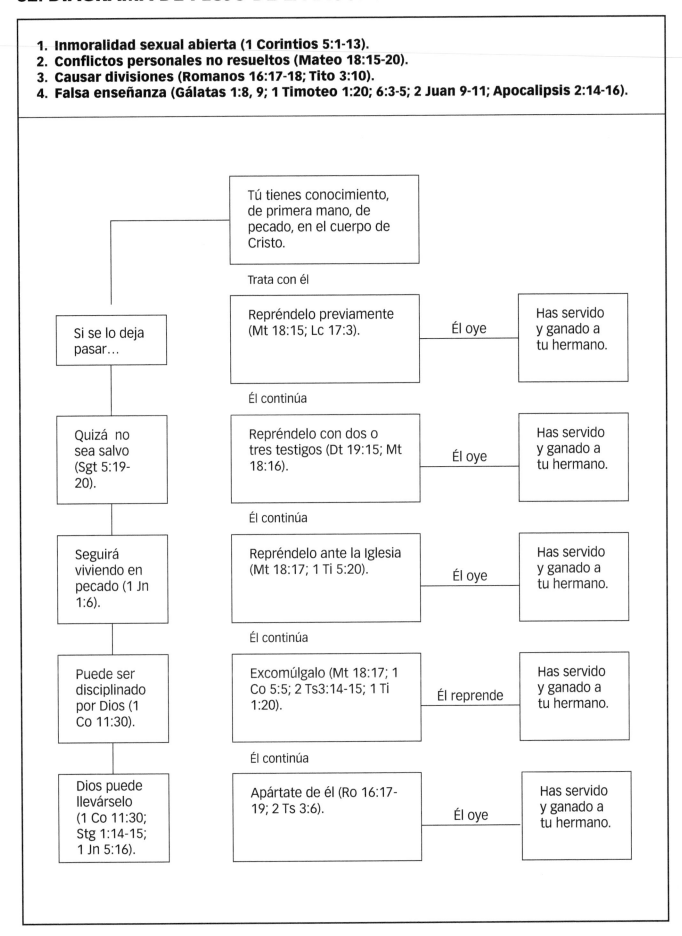

Tú tienes conocimiento, de primera mano, de pecado, en el cuerpo de Cristo.

Trata con él

Si se lo deja pasar…

Repréndelo previamente (Mt 18:15; Lc 17:3).

Él oye

Has servido y ganado a tu hermano.

Él continúa

Quizá no sea salvo (Sgt 5:19-20).

Repréndelo con dos o tres testigos (Dt 19:15; Mt 18:16).

Él oye

Has servido y ganado a tu hermano.

Él continúa

Seguirá viviendo en pecado (1 Jn 1:6).

Repréndelo ante la Iglesia (Mt 18:17; 1 Ti 5:20).

Él oye

Has servido y ganado a tu hermano.

Él continúa

Puede ser disciplinado por Dios (1 Co 11:30).

Excomúlgalo (Mt 18:17; 1 Co 5:5; 2 Ts 3:14-15; 1 Ti 1:20).

Él reprende

Has servido y ganado a tu hermano.

Él continúa

Dios puede llevárselo (1 Co 11:30; Stg 1:14-15; 1 Jn 5:16).

Apártate de él (Ro 16:17-19; 2 Ts 3:6).

Él oye

Has servido y ganado a tu hermano.

83. PALABRAS CLAVE SOBRE LA SEGUNDA VENIDA DE CRISTO

Término	«Parousia»	«Apocalipsis»	«Epifanía»
Referencias bíblicas	1 Tesalonicenses 3:13 1 Tesalonicenses 4:15	1 Corintios 1:7 2 Tesalonicenses 1:6-7 1 Pedro 4:13	1 Timoteo 6:14 2 Timoteo 4:8 Tito 2:13-14
Significado literal	«estar cerca» «presencia»	«Revelación»	«Aparición»
Significado traducido	«presencia» «venir» «Llegar»	«Revelar»	«Aparecer»

84. PUNTOS DE VISTA SOBRE EL RAPTO

Pretribulacional

Declaración del punto de vista	Establecido: Cristo vendrá por sus santos; luego vendrá con ellos. La primera etapa de la venida de Cristo es llamada el rapto; la segunda, la revelación. La escuela antigua enfatizaba el asunto de la «inminencia». Sin embargo, en días recientes, el punto crucial de esta posición se centra, principalmente, alrededor del aspecto de la ira de Dios y de si la Iglesia es llamada a experimentarla, parcial o totalmente, durante la tribulación.
Defensores	John F. Walvoord, J. Dwight Pentecost, John Feinberg, Paul Feinberg, Herman Hoyt, Charles Ryrie, Rene Pache, Henry C. Thiessen, Leon Wood, Hal Lindsey, Alva McClain, John A. Sproul, Richard Mayhue.

Argumentos a favor	Argumentos en contra
La Biblia dice que los cristianos (la Iglesia) están exentos de la ira divina (1 Ts 1:10). Esta exención no significa que la Iglesia no experimente pruebas, persecución o sufrimiento.	Los cristianos están exentos de la ira de Dios ($\text{о}\rho\gamma\eta$), pero la mayoría de los pasajes que tratan la tribulación ($\theta\lambda\iota\psi\iota\varsigma$) se refieren a la que sufren los creyentes. La exención de la ira no significa la de la tribulación. Además, si los cristianos están exentos de esta ira, aquellos que creen durante la tribulación necesitarán ser arrebatados en el momento de la conversión.
Los creyentes también están exentos del tiempo de la ira registrado en Apocalipsis 3:10. Esto se apoya en la forma en que la preposición griega ek ($\varepsilon\kappa$) se usa en este pasaje.	El sentido normativo de ek ($\varepsilon\kappa$) es «fuera del medio de» y no requiere un arrebatamiento de la prueba. Puede significar librar de la tribulación, sin ser quitado de la prueba. La preposición normal para «mantener fuera de» es $\alpha\pi\text{о}$.
Todas las posiciones sobre el rapto predicen un reino milenial. La pre-tribulacionista requiere que creyentes vivos no, glorificados, entren al reino para repoblarlo (Zac 12:10-13:1; Ro 11:26).	Los 144.000 del Apocalipsis pueden poblar la tierra durante el tiempo del milenio.
Esta posición ofrece una distinción clara entre el rapto y la revelación, un intervalo de tiempo. Esto es consistente con varios pasajes que tratan ambos eventos. Para el rapto: Juan 14:1-14; 1 Corintios 15:51-58; 1 Tesalonicenses 4:13-18; para la revelación o la Segunda Venida de Cristo: Zacarías 14; Mateo 24:29-31; Marcos 13:24-27; Lucas 21:25-27; Apocalipsis 19.	La «esperanza bienaventurada» y «aparición gloriosa» son los mismos eventos (rapto y revelación). El Nuevo Testamento habla de una Segunda Venida; no, de dos venidas o de una venida en dos etapas. La distinción puede ser en cuanto a la naturaleza de los eventos, no, con respecto a la diferencia de tiempos.
Esta posición acentúa la inminencia. Cristo puede volver en cualquier momento; entonces, los creyentes tienen una actitud de expectación (Tit 2:13). No hay advertencias preparatorias de una tribulación inminente para los creyentes de la era de la Iglesia (Hch 20:29-30; 2 P 2:1; 1 Jn 4:1-3).	La inminencia para los apóstoles y la iglesia primitiva, durante ese tiempo, giraba alrededor de la Segunda Venida de Cristo. Así, los dos eventos son confinantes; no, separados. (Mt 24:3, 27, 37, 39; 2 Ts 2:8; Stg 5:7-8; 1 Jn 2:28). Además, 2 Tesalonicenses 2:1-10 puede enumerar eventos esperados antes del rapto.
Esta posición interpreta una tribulación literal, como se ve en Apocalipsis 6-19. Esto no es mencionado por la Iglesia (argumento del silencio), en Apocalipsis 4-18.	Mucho del lenguaje, en Apocalipsis 6-19, es figurativo; la tribulación también lo puede ser. El argumento del silencio es, inherentemente, un razonamiento débil.
El agente que detiene, mencionado en 2 Tesalonicenses 2:1-12, es el Espíritu Santo morando en la Iglesia, a la cual debe remover antes de que la tribulación comience.	El misterio de la morada del Espíritu Santo no equivale al ministerio de refrenar el mal. Además, el pasaje no iguala claramente al agente que detiene, con el Espíritu Santo, o que el hecho de que éste sea quitado sea el rapto.

Varias porciones de este cuadro son adaptadas de Millard J. Erickson, *Christian Theology*, Vol. 3 [Teología Cristiana, Vol. 3], Backer Book House, Grand Rapids, MI 1985, págs. 1149-1224. Usado con permiso. También, Gleason L. Archer, Jr., Paul D. Feinberg, Douglas J. Moo y Richard R. Reiter, *The Rapture: Pre-, Mid-, Post-tribulational?* [El rapto: ¿pre, medio, o post-tribulacionial?], Zondervan, Grand Rapids, MI, 1984. Usado con permiso.

84. PUNTOS DE VISTA SOBRE EL RAPTO (continuación)

Arrebatamiento parcial

Declaración del punto de vista
Esta posición establece que solo los creyentes que estén velando y esperando al Señor serán arrebatados, en varias veces, antes y durante los siete años de tribulación. Aquellos que son llevados son santos espiritualmente maduros, tanto muertos, como vivos (1 Ts 4:13-18).

Defensores
Joseph Seiss, G.H. Lang, Robert Govett, Witness Lee, G.H. Pember, Ira E. David, D.H. Panton.

Argumentos a favor	Argumentos en contra
El Nuevo Testamento, frecuentemente, ve la resurrección como una recompensa por la cual se debe luchar (Mt 19:28-29; Lc 9:62; 20:35; Fil 3:10-14; Ap 2:11; 3:5). Entonces, no todos los creyentes obtendrán la primera resurrección, solo los que la merezcan.	El rapto es parte de la culminación de la salvación. Dios comienza la salvación por gracia y la finalizará por ella; no, por nuestras obras (Ef 2:8-9).
Otros pasajes indican un rapto parcial de los creyentes o una idea similar a ésta (Mt 24:40-51).	Hay confusión acerca de los versículos que se aplican a Israel y a la Iglesia en los pasajes de los evangelios. Esto no es el rapto, sino el llevar a juicio, como en el ejemplo del diluvio, en Mateo 24:39. El texto de 1 Corintios 15:51-52 dice que todos los creyentes serán arrebatados.
Existe un énfasis en el velar, esperar, trabajar y en la esperanza de las recompensas (Mt 24:41-42; 25:1-13; 1 Ts 5:6; Heb 9:28).	El énfasis está en trabajar por las recompensas (coronas, 2 Ti 4:8); no, para participar en el rapto.
Existen versículos que enfatizan la necesidad del sufrimiento para reinar (Ro 8:16-17; Lc 22:28-30; Hch 14:22; Col 3:24; 2 Ts 1:4-5). Entonces, los creyentes deben sufrir ahora o durante la tribulación, antes de que puedan reinar con Cristo.	Los creyentes sufren en todas las edades, y todos ellos reinarán con Cristo. El sufrimiento y reino de los cristianos no se relaciona con ningún orden supuesto del arrebatamiento.
Un creyente, al pecar, puede perder su derecho de disfrutar de la primera resurrección y del reino (1 Co 6:19-20; Gá 5:19-21; Heb 12:14).	Estos pasajes hablan de los inconversos que no entran al reino. No se aplican a los creyentes.
Los creyentes dignos, que velan, serán recompensados siendo arrebatados antes de la tribulación (Ap 3:10).	Hay una división en la Iglesia, el cuerpo de Cristo. Parece que aquellos dignos de ser arrebatados serán llevados, mientras que los que no lo son serán dejados. Pasajes como Juan 14:1; 1 Corintios 15:51-52, obviamente, incluyen a todos los creyentes.
Como el bautismo del Espíritu da poder para testificar (Hch 1:8) y no todos los creyentes testifican, no todos los creyentes están en el cuerpo de Cristo (1 Co 12:13) y no todos son arrebatados.	El bautismo del Espíritu pone a todos los creyentes en el cuerpo de Cristo (1 Co 12:13).

84. PUNTOS DE VISTA SOBRE EL RAPTO (continuación)

Mitad de la tribulación	
Declaración del punto de vista	Esta posición ve que la Iglesia, los creyentes en Cristo, son arrebatados en medio de la tribulación, antes de la gran tribulación. Este punto de vista ofrece lo mejor de pre-tribulacionismo y post-tribulacionismo. También, posee el rapto de la mitad de la semana 70.
Defensores	Gleason L. Archer, Norman Harrison, J. Oliver Buswell, Merrill C. Tenney, G.H. Lang.

Argumentos a favor	Argumentos en contra
Esta posición ofrece menos problemas que las pre-tribulacionistas o post-tribulacionistas. Evita los problemas de los dos extremos.	En esta postura, como en la post-tribulacionista, hay una pérdida de la inminencia. Ya no somos llamados a velar y esperar, sino a mirar por señales preparatorias, como se dan en Apocalipsis y en Mateo 24:1-14.
Existe un gran énfasis en los tres años y medio (42 meses, 1260 días), en la Escritura, para dividir los siete años de la tribulación (Dn 7; 9:27; 12:7; Ap 11:23; 12:3, 6, 14).	El énfasis de la mitad de la tribulación se debe al quiebre del pacto con Israel (Dn 9:27), no, al rapto.
El discurso del Monte de los Olivos (Mt 24-25) habla de la venida, aparición y retorno de Cristo. Coincide con el pasaje del rapto, en 1 Tesalonicenses 4:15.	La única unión concreta es el uso de *parousia* en los dos pasajes. Las muchas otras diferencias en los contextos hacen que esta unión sea débil.
En 2 Tesalonicenses 2:14, se especifican claramente las señales anteriores al rapto.	En 2 Tesalonicenses 2:1 y sigs., hay referencia a los dos eventos que preceden al Día del Señor; no, al arrebatamiento de la Iglesia.
En Apocalipsis 11:15-19 se menciona la séptima trompeta, que es idéntica a la trompeta de Dios, en 1 Tesalonicenses 4:16.	¿El rapto ocurre verdaderamente, en Apocalipsis 11, solo porque haya sonido de trompeta? El argumento es débil y no tiene base bíblica.
Esta postura mantiene la distinción entre el arrebatamiento y la revelación, que son las dos etapas en la venida de Cristo.	El pre-tribulacionismo también sostiene la distinción temporal. El post-tribulacionismo mantiene, además, una distinción, aunque es diferente en esencia, más que en tiempo.
La Iglesia es salvada de la ira de Dios, pero no, de las pruebas y conflictos, ya que el rapto ocurre en la mitad de la tribulación, justo antes de la gran manifestación de la ira de Dios.	Aquellos que se aferran a esta postura deben trazar un nuevo concepto de ira, en el libro de Apocalipsis. Hay una espiritualización forzada de los capítulos 1-11 para propósitos contemporáneos y no cumplimientos futuros. La Iglesia puede ser salvada de la ira ya sea por el arrebatamiento o por la protección de ella.
Así como hay una superposición, en el libro de los Hechos, en términos del programa de Dios para la Iglesia e Israel, también la hay en el programa de Dios, en el libro de Apocalipsis.	La Iglesia tiene tanto a judíos como a gentiles. Esto no requiere, sin embargo, una superposición del programa de Dios para la Iglesia y para el Israel nacional.
Esta posición permite que los santos no glorificados al final de la tribulación entren al reino milenial para repoblar el mundo.	El pre-tribulacionismo también permite la repoblación. Es posible que algunos incrédulos entren al milenio ya que la conversión de Israel no ocurrirá hasta el segundo advenimiento.

Post-tribulacional

Declaración del punto de vista	Esta posición afirma que los creyentes vivos serán arrebatados en la Segunda Venida de Cristo, que ocurrirá al final de la tribulación. En este campo hay cuatro puntos de vista, como los categoriza Walwood: a) clásicos, b) semiclásicos, c) futuristas, d) dispensacionalistas. El espectro es amplio, través de un período de tiempo: desde los padres de la Iglesia hasta el siglo presente.
Defensores	Clásico: J Barton Payne Semiclásico: Alexander Reese, Norman MacPherson, George L. Rose, George H. Fromow Futurista: George Ladd, Dave MacPherson Dispensacional: Robet H. Gundry; Douglas J. Moo Otros: Harold Ockenga; J. Sidlow Baxter

Argumentos a favor	Argumentos en contra
El rapto es precedido por señales inconfundibles (Mt 24:3-31). Estas señales son parte del período de la tribulación, que los santos deben soportar. La culminación será el retorno de Cristo, que implica el rapto de los creyentes (Mt 24:29-31, 40-41). En el discurso del Monte de los Olivos, Cristo habla del rapto junto con la revelación.	La postura trae problemas acerca de la repoblación del reino milenial por creyentes de carne y hueso si son todos arrebatados y glorificados.
La parábola del trigo y la cizaña (Mt 13:24) muestra que la separación ocurre al final de las edades. En ese tiempo los buenos (creyentes) serán separados de los malos (incrédulos), y esto ocurre al final de la tribulación.	La postura de que los 144.000 de Apocalipsis son los que pueblan la tierra no toma en consideración el contexto de este pasaje.
El orden de la resurrección exige que todos los creyentes de todas las edades sean traídos en cuerpos glorificados al final de la tribulación (Ap 20:4-6).	El argumento exegético de Apocalipsis 3:10, con ek («de») es débil. Interpretar «prueba» como otra cosa que la ira de Dios no es hacer justicia a esta palabra o al texto.
Las palabras del Nuevo Testamento sobre el retorno de Cristo no hacen distinción de etapas: epifanía, manifestación, revelación, parousia, el día, ese día, el día de Jesucristo, el día del Señor Jesús y el día del Señor.	La secuencia de eventos, conectando 1 Tesalonicenses 4 y 5 con el arrebatamiento y con el Día del Señor es mal interpretada al determinar el orden cronológico de los eventos.
La frase «te guardaré de la hora de la prueba», en Apocalipsis 3:10, puede también referirse a salvarse de la ira de Satanás al operar en el período de la tribulación.	Así como la Escritura puede ser, en cierta manera, silenciosa en cuanto a un arrebatamiento pre-tribulacional, hay un silencio mayor, en cuanto a un arrebatamiento post-tribulacional. Esto es especialmente verdadero en la carta profética de Juan, del Apocalipsis, donde hay un énfasis mayor en la venida de Cristo. Un caso de esto es la mención vaga de la Iglesia, en Apocalipsis 4-18.
El aumento de la apostasía es un signo que precederá al retorno de Cristo (2 Ts 2:8).	El argumento de que un arrebatamiento post-tribulacional era la creencia de la Iglesia cristiana histórica no sirve, cuando vemos que lo que se creía en la Iglesia primitiva es bastante diferente de lo que se cree hoy. De todas formas, la base de la verdad doctrinal no es la Iglesia primitiva, sino la Palabra de Dios.
Mucha de la enseñanza espiritual a la Iglesia no tiene sentido, si esta no pasa por la tribulación (Mt 24:15-20).	Esta postura entra en conflicto con la enseñanza de la venida inminente de Cristo. La Escritura nos enseña que esperemos y velemos, no, por señales preparatorias de la venida de Cristo, sino por la esperanza bendita de su venida (Tit 2:13).

85. PUNTOS DE VISTA SOBRE EL MILENIO

Premilenialismo histórico
(También llamado premilenialismo clásico y no dispensacional)

Declaración del punto de vista	Los premilenialistas sostienen que la venida de Cristo será precedida de ciertas señales y luego, seguida por un período de paz y justicia en el que Cristo, en persona, reinará en la tierra. Los premilenialistas históricos entienden la venida de Cristo y el arrebatamiento como un solo y mismo evento. Ven la unidad, por lo cual, se ubican aparte del premilenialista dispensacionalista, que los ve como dos acontecimientos, separados por los siete años de tribulación. El premilenialismo fue la interpretación escatológica dominante en los primeros tres siglos de la Iglesia cristiana. Los primeros padres: Papías, Ireneo, Justino Mártir, Tertuliano y otros se aferraron a esta postura.
Defensores	George E. Ladd, J. Barton Payne, Alexander Reese, Millard Erickson

Argumentos a favor	Argumentos en contra
La cronología de Apocalipsis 10-20 muestra que, inmediatamente después de la Segunda Venida de Cristo, ocurre lo siguiente: Satanás es atado (20:1-3), primera resurrección (20:4-6), comienzo del reino de Cristo (20:4-7) por «mil años» (17-18).*	El reino de Cristo no comienza luego de la primera resurrección, ya que él ahora reina a la diestra del Padre (Heb 1:3) (178-79).
En el tiempo presente, la Iglesia es el Israel espiritual. Dios volverá la nación de Israel a su lugar original para cumplir las promesas del reino (Ro 11), en el contexto del reino milenial. Este pasaje apoya la enseñanza del versículo 24: «¡con cuánta mayor facilidad las ramas naturales de ese olivo serán injertadas de nuevo en él!» (18-29).	Mientras que la Iglesia se beneficia espiritualmente con las promesas hechas a Israel, Israel y la Iglesia nunca se igualan específicamente (42-44). Un reino compuesto tanto de santos glorificados como de personas en la carne parece demasiado irreal para ser posible (49).
El Antiguo Testamento y Cristo predijeron un reino en el cual el Ungido gobernaría (Sal 2; Mt 25:24).	El reino es una enseñanza general de la Biblia. Ahora descansa en la Iglesia (Mt 12:28; Lc 17:20-21). Cristo reina ahora en el cielo (Heb 1:3; 2:7-8) (178-79).
Como las profecías del Antiguo Testamento fueron cumplidas en el pasado, también lo serán aquellas acerca del futuro. Este es un argumento en pro de la consistencia en hermenéutica (27-29).	La interpretación de Apocalipsis 20:1-7 no requiere literalismo. Estos versículos pueden ser entendidos simbólicamente, ya que este libro emplea muchos símbolos (161).
La Iglesia sirve para cumplir alguna de las promesas hechas a Israel. Cristo puso esto en claro luego de que los judíos lo rechazaran (Mt 12:28; Lc 17:20-21) (20-26).	Esta postura insiste en que el Nuevo Testamento interpreta las profecías del Antiguo, en casos donde está realmente aplicando un principio encontrado en una profecía del Antiguo Testamento (Os 11:1 en Mt 2:15; Os 1:10 y 2:23 en Ro 9:24-26). (42-43). La expresión «volvieron a vivir» (Ap 20:4) puede ser entendida para significar «vivientes» y, no, resurrección.
Muchos de los Padres de la Iglesia abrazaron esta posición escatológica (9).	No es fácil situar a los Padres de la Iglesia, definitivamente, en una postura escatológica. Además, la doctrina no se determina por ellos, sino por el estudio de la Escritura (41).
Un reino, literal, de mil años es mencionado solo en un pasaje (Ap 20:1-6) y en literatura apocalíptica. El Antiguo Testamento no puede ser usado para proveer material acerca del milenio (32).	Las profecías del Antiguo Testamento proveen la base para las del Nuevo. Este determina el lugar y la duración del milenio (Ap 20:1-6), y el Antiguo Testamento brinda mucho de la naturaleza del milenio (43-46).
Romanos 11:26 dice que el Israel nacional será convertido (27-28).	Muchos de los pasajes del Nuevo Testamento mezclan las distinciones entre Israel y la Iglesia (Gá 2:28-29; 3:7; Ef 2:14-16) (109).
Dios ha preparado un lugar especial para el Israel nacional, en su programa (27-28).	Israel fue elegido como una nación, a través de la cual, el Mesías vendría. Dado que Jesús terminó su obra, el único propósito de Israel ha sido completado (53).

*Los números al final de cada declaración refieren a las páginas en Robert G. Clouse, *The meaning of the Millenium: Four Views* [El significado del milenio: Cuatro puntos de vista], InterVarsity Press, Downers Grove, 1977. Usado con permiso. Otras declaraciones son de diferentes autores.

Premilenialismo dispensacional	
Declaración del punto de vista	Los defensores de esta escuela son representados por aquellos que generalmente se aferran al concepto de dos etapas en la venida de Cristo. Él vendrá por su Iglesia (rapto) y luego con la Iglesia (revelación). Los dos eventos están separados por siete años. Hay una distinción consistente entre Israel y la Iglesia a través de la historia.
Defensores	J.N. Darby, C.I. Scofield, Lewis Sperry Chafer, John Walvoord, Charles Feinberg, Herman Hoyt, Harry Ironside, Alva Mc Clain, Eric Sauer, Charles Ryrie.

Argumentos a favor	Argumentos en contra
Esta postura mantiene una hermenéutica consistente, que permite a Israel ejecutar promesas dadas al pueblo y, a la Iglesia, ejecutar su promesa (66-68).	Israel ejecutó sus promesas una vez, en la conquista (Jos 21:43-45). Su propósito de traer al Mesías también ha sido cumplido (101).
El «volvieron a la vida» (Ap 20:4-5), designado como la primera resurrección, apoya esta postura. Esta resurrección precede al reino milenial (37-38).	Esta resurrección es espiritual, porque hay una sola resurrección corporal (Jn 5:28-29; Hch 24:15). Esta es una resurrección espiritual (56-58; 168).
Las Escrituras revelan un reino tanto universal como mediador, que son los dos aspectos del gobierno de Dios. El reino mediador es el milenio, en el que Cristo reinará en la tierra. (72-73 y sigs.; 91).	El gobierno de Dios sobre la creación ha sido siempre a través de un mediador. Entonces, su gobierno mediador no puede ser restringido al milenio (93).
Una lectura literal de Apocalipsis 19-20 lleva a una postura dispensacional premilenial. Otras posturas deben alegorizar los eventos.	Debemos entender mucho del Apocalipsis simbólicamente, por su naturaleza apocalíptica.
El pacto abrahámico será completamente cumplido en Israel (Gn 12:1-3). Su producto se ve en los pactos Palestino, Davídico y Nuevo. La Iglesia comparte las bendiciones del Nuevo Pacto, pero no ejecuta sus promesas (Gá 3:16).	Las promesas hechas al Israel del Antiguo Testamento eran siempre condicionales, basadas en la obediencia y fidelidad de Israel. El Nuevo Pacto es para la Iglesia; no, para Israel (100).
El concepto de un reino literal terrenal es un resultado de las enseñanzas generales del reino, tanto en el Antiguo como en el Nuevo Testamento.	El Nuevo Testamento, que es la única autoridad para la Iglesia, reemplazó el Antiguo Testamento y sus promesas (97).
El milenio es posible y necesario porque no todas las promesas dadas a Israel han sido cumplidas (Enns, 390).	La desobediencia de Israel negó sus promesas, que eran basadas en su fidelidad (Jn 18:9-10) (98).
El Antiguo Testamento describe el reino como un reino literal terrenal del Mesías sobre todo el mundo (79-84).	El Nuevo Testamento muestra que Cristo estableció un reino en su primera venida y ahora está reinando sobre el mundo entero (102).

85. PUNTOS DE VISTA SOBRE EL MILENIO (continuación)

Postmilenialismo

Declaración del punto de vista	Los postmilenialistas creen que el reino de Dios está ahora extendido a través de la enseñanza, predicación, evangelización y actividades misioneras. El mundo debe ser cristianizado, y el resultado será un largo período de paz y prosperidad llamado el milenio. Éste será seguido del retorno de Cristo. Esta postura, aparentemente, está obteniendo más adherentes en los círculos contemporáneos, tales como el Instituto de Reconstrucción Cristiana para Estudios Cristianos. El defensor principal del postmilenialismo tradicional fue Loraine Boettner. Ver su libro *The Millennium* [El milenio], Editorial Presbyterian and Reformed Publising Co, Philadelphia, PH, 1957.
Defensores	Agustín, Laraine Boettner, A. Hodge, Charles Hodge, W.G.T. Shedd, A.H. Strong, B.B. Warfield, Joaquín de Fiore, Daniel Whitby, James Snowden, Reconstruccionistas cristianos.

Argumentos a favor	Argumentos en contra
El gobierno del Espíritu Santo en el corazón del creyente es, en un sentido, el milenio (Jn 14-16) (121).	Esta postura no trata adecuadamente con Apocalipsis 20 al formular y definir su concepto de milenio (Erickson, 1208).
Cristo prometió la difusión universal del evangelio (Mt 28:18-20).	La gran comisión ordena la proclamación mundial del evangelio, pero el mundo se caracteriza por su declinación espiritual, no, por su crecimiento espiritual.
El trono de Cristo está en el cielo, donde está ahora reinando y gobernando (Sal 47:2; 97:5). La Iglesia tiene la tarea de proclamar esa verdad y ver las promesas venir a la fe en él (118-119).	Ninguna de estas afirmaciones requiere el postmilenialismo o excluye un futuro reino terrenal.
La salvación vendrá a todas la naciones, tribus, personas y lenguas (Ap 7:9-10).	Que la salvación vendrá a todas las naciones no significa que todas o casi todas serán salvas. El Nuevo Testamento tampoco dice que el evangelio es diseñado para mejorar las condiciones sociales en el mundo.
La parábola de Cristo de la semilla de mostaza muestra cómo el evangelio se extiende y se expande, lento, pero seguro, hasta que llega a todo el mundo (Mt 13:31-32). Los salvos superan en número, ampliamente, a los perdidos en el mundo (150-51).	Una mayoría de salvos en la tierra no garantiza la edad de oro que el postmilenialismo espera que venga.
Existen muchas evidencias que muestran que donde se predica el evangelio las condiciones sociales y morales mejoran grandemente.	La actitud del optimismo idealístico no tiene en cuenta los pasajes que revelan la miseria y apostasía de los últimos tiempos (Mt 24:3-14; 1 Ti 4:1-5; 2 Ti 3:1-7). Además, también se puede reunir mucha evidencia para probar que las condiciones del mundo están en decadencia (151).
Por la predicación del evangelio y la obra salvadora del Espíritu, el mundo será cristianizado y Cristo retornará, al final de un largo período de paz, comúnmente llamado milenio (118).	El uso de un enfoque simbólico para la interpretación de la Escritura, en Apocalipsis 20, es alegorizar completamente el reino de mil años. Hay una cantidad limitada de apoyo escritural, para esta posición.

Amilenialismo	
Declaración del punto de vista	La Biblia predice un crecimiento continuo paralelo del bien y del mal en el mundo, entre la primera y la Segunda Venida de Cristo. El reino de Dios está presente, ahora, a través de su Palabra, su Espíritu y su Iglesia. Esta posición ha sido también llamada «milenialismo realizado».
Defensores	Oswald Allis, Louis Berkhof, G. Berkouwer, William Hendriksen, Abraham Kuyper, Leon Morris, Anthony Hoekema, otros teólogos reformados, y la Iglesia Católica Romana

Argumentos a favor	Argumentos en contra
La naturaleza condicional del pacto abrahámico (como de los otros) indica que su ejecución o la falta de ésta se transfiere a la Iglesia por Jesucristo (Gn 12:1-3; Ro 10; Gá 3:16).	Muchos pasajes muestran que el pacto abrahámico era incondicional y debía ser ejecutado literalmente por Israel.
Las promesas terrenales del pacto abrahámico fueron expandidas, de los judíos, a todos los creyentes y de la tierra de Canaán, a la nueva tierra.	Esta postura tiene problemas para ser hermenéuticamente consistente en la interpretación de las Escrituras. Alegoriza pasajes que claramente se pueden entender en forma literal.
La profecía requiere un enfoque simbólico para interpretar la Biblia. Entonces, los pasajes proféticos pueden entenderse en el sistema general de la obra de Dios en su pacto (Ej. Ap 20) (161).	La cronología de Apocalipsis 19-20 es continua y describe eventos que ocurrirán al fin de la tribulación y antes del reino de mil años de Cristo.
El Antiguo y el Nuevo Testamento están unidos bajo el pacto de la gracia. Israel y la Iglesia no son dos programas distintos, sino una obra unificada de los propósitos y planes de Dios (186).	La Escritura no revela claramente un pacto de gracia. Este es un término teológico, forjado para encajar en el esquema escatológico amilenialista.
El reino de Dios es central, en la historia bíblica. Lo fue en el Antiguo Testamento, en el ministerio de Jesús y en la Iglesia, y se consumará con el retorno de Cristo. No hay necesidad de un reino más adelante, pues el reino ha sido reino siempre (177-79).	La postura no ve claramente a Dios, teniendo un lugar para Israel en el futuro. Los amilenialistas encuentran difícil explicar Romanos 11.
La historia se está moviendo hacia el objetivo de la redención total del universo (Ef 1:10; Col 1:18) (187).	La redención total del universo es el objeto de todas las posturas mileniales. Esto no especifica el apoyo a una postura amilenial.
Apocalipsis 20:4-6 se refiere al reino de las almas con Cristo en el cielo, mientras él reina por su Palabra y su Espíritu (164-66).	Apocalipsis 20:4-5 se refiere claramente a una resurrección. Sin embargo, los amilenialistas evitan la cuestión. La forma de la palabra griega *zao* (ζαο) «vivir» se usa de esta manera para la resurrección, en Juan 5:25 y en Apocalipsis 2:8.
El Nuevo Testamento, frecuentemente, presenta a Israel y a la Iglesia como una unidad (Hch 13:32-39; Gá 6:15; 1P 2:9) (Hoekema, 197-198).	El Israel nacional y la Iglesia se tratan como diferentes, en el Nuevo Testamento (Hch 3:12; 4:8-10; 21:28; Ro 9:3-4; 10:1; 11; Ef 2:12).

86. CUADRO DE TIEMPO DISPENSACIONAL DE LAS ÚLTIMAS COSAS

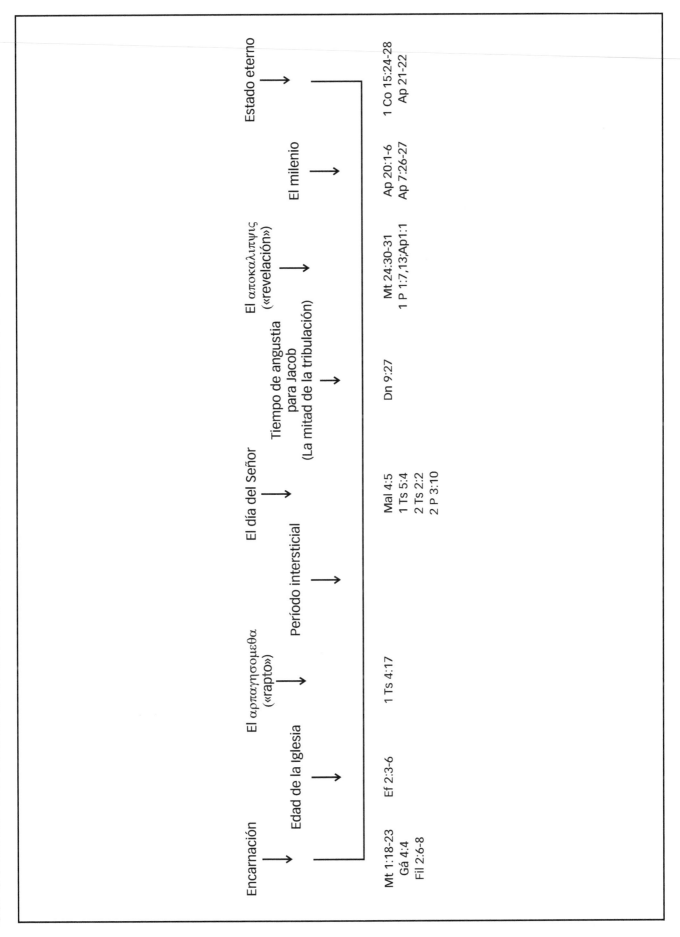

Encarnación

Edad de la Iglesia

El αρπαγησομεθα
(«rapto»)

Período intersticial

El día del Señor

Tiempo de angustia
para Jacob
(La mitad de la tribulación)

El αποκαλυπψις
(«revelación»)

El milenio

Estado eterno

Mt 1:18-23
Gá 4:4
Fil 2:6-8

Ef 2:3-6

1 Ts 4:17

Mal 4:5
1 Ts 5:4
2 Ts 2:2
2 P 3:10

Dn 9:27

Mt 24:30-31
1 P 1:7,13;Ap1:1

Ap 20:1-6
Ap 7:26-27

1 Co 15:24-28
Ap 21-22

87. POSTURAS SOBRE LAS ÚLTIMAS COSAS

Categorías	Amilenialismo	Postmilenialismo	Premilenialismo histórico	Premilenialismo dispensacional
Segunda Venida de Cristo	Un solo evento; sin distinción entre Rapto y Segunda Venida; introduce el estado eterno.	Un solo evento; sin distinción entre el rapto y la Segunda Venida; Cristo retorna luego del milenio.	Rapto y Segunda Venida simultáneos; Cristo vuelve a reinar en la tierra.	Segunda Venida en dos fases; arrebatamiento de la Iglesia; Segunda Venida a la tierra, siete años después.
Resurrección	Resurrección general de creyentes e incrédulos en la Segunda Venida de Cristo.	Resurrección general de creyentes e incrédulos en la Segunda Venida de Cristo.	Resurrección de creyentes al comienzo del milenio. Resurrección de incrédulos al final del milenio.	Distingue dos resurrecciones: 1. Iglesia, en el arrebatamiento. 2. Santos del Antiguo Testamento/de la tribulación, en la Segunda Venida. 3. Incrédulos, al final del milenio.
Juicios	Juicio general de todas las personas.	Juicio general de todas las personas.	Juicio en la Segunda Venida. Juicio al final de la tribulación.	Distingue juicios: 1. Obras de los creyentes, en el arrebatamiento. 2. Judíos/gentiles, al final de la tribulación. 3. Incrédulos, al fin del milenio.
Tribulación	La tribulación se experimenta en la era presente.	La tribulación se experimenta en la era presente.	Postura post-tribulacionista: la Iglesia pasa por la tribulación futura.	Postura pre-tribulacionista: la Iglesia es arrebatada antes de la tribulación.
Milenio	No es un milenio literal, en la tierra, luego de la Segunda Venida. El reino está presente en la edad de la Iglesia.	La edad presente se mezcla con el milenio por el progreso del evangelio.	El milenio es tanto presente como futuro. Cristo está reinando en el cielo. Milenio no necesariamente de mil años.	En la Segunda Venida, Cristo inaugura el milenio de mil años literales en la tierra.
Israel y la Iglesia	La Iglesia es el nuevo Israel. Sin distinción entre Israel y la Iglesia.	La Iglesia es el nuevo Israel. Sin distinción entre Israel y la Iglesia.	Alguna distinción entre Israel y la Iglesia. Futuro para Israel, pero la Iglesia es el Israel espiritual.	Distinción completa entre Israel y la Iglesia. Programas diferentes para cada uno.
Defensores	L. Berkhof; O.T. Allis; G.C. Berkhouwer	Charles Hodge; B.B. Warfield; W.G.T. Shedd; A.H. Strong	G.E. Ladd; A. Reese; M.J. Erickson	L.S. Chafer; J.D. Pentecost; C.C. Ryrie; J.F. Walvoord

Adaptado de Paul Enns, *Moody Handwook of Theology* [El manual de Teología de Moody], (Chicago: Moody Press, 1989), p. 383. Usado con permiso

88. PERSPECTIVAS SOBRE LA ANIQUILACIÓN

Declaración del punto de vista	Todas las personas son creadas inmortales, pero aquellos que continúan en pecado son completamente aniquilados; esto es, reducidos a no existir.
Defensores	Arnobio, Edward Fudge, Clark H. Pinnock; Socianos, John R.W. Stott, B.B. Warfield; John Wenham.
Principios	Hay un infierno literal. No todos serán salvos. Hay solo una clase de existencia futura. Aquellos que no son salvos serán eliminados o aniquilados. Simplemente dejarán de existir. Nadie merece un sufrimiento consciente y eterno.

Argumentos a favor	Argumentos en contra
Que Dios permita el tormento eterno de sus criaturas es inconsistente con su amor.	Esta postura pone demasiado énfasis en el aspecto material del hombre.
La cesación de la existencia se implica en ciertos términos aplicados al destino de los malvados, tales como destrucción (Mt 7:13; 10:28; 2 Ts 1:9) y predicción (Jn 3:16).	No hay evidencia lexicográfica ni exegética para apoyar el argumento de que tales términos significan aniquilación. La manera en que ellos se usan en la Escritura revela que no pueden tener ese sentido.
El castigo eterno del que habla Mateo 25:46 es eso: no, duradero para siempre, sino eterno.	En Mateo 25:46, la existencia de creyentes e incrédulos se pone en paralelo. Se dice que las dos formas de existencia son eternas. La misma palabra se usa en las dos instancias. Si el pasaje habla de vida eterna para el creyente, también debe hablar de castigo eterno para el incrédulo. Si no, hay dos significados diferentes de «eterno», en el mismo versículo.
Solo Dios tiene inmortalidad (1 Ti 1:17; 6:16).	Dios también confiere inmortalidad a los ángeles, santos y humanos redimidos. Dios solo tiene la vida y la inmortalidad en sí mismo (Jn 5:26), pero esto no significa que él no le ha conferido existencia sin fin, como una facultad natural, a sus criaturas racionales. La Escritura presenta la muerte como el castigo por el pecado (Gn 2:17; Ro 5:12) más que la inmortalidad como la recompensa por la obediencia.
La inmortalidad es un don especial conectado con la redención en Cristo Jesús (Ro 2:7; 1 Co 15:52-54; 2 Ti 1:10).	La vida eterna es una cualidad de la vida que los malvados nunca experimentarán. El término «vida eterna» no connota la existencia sin fin, sino que se refiere al bienestar de una verdadera comunión con Dios (Jn 17:3).

89. CASTIGO ETERNO

Descripción del castigo eterno

Oscuridad (Mt 8:12).
Llanto y rechinar de dientes (Mt 8:12; 13:50; 22:13; 24:51).
Horno encendido (Mt 13:50).
Fuego eterno (Mt 25:41).
El pozo del abismo (Ap 9:1-11).
Tormento eterno, sin descanso ni de día ni de noche (Ap 14:10-11).
Lago de fuego (Ap 19:20; 21:8).
Densa oscuridad (Jud 13).

Participantes del castigo eterno

Satanás (Ap 20:10).
La bestia y el falso profeta (Ap 20:10).
Ángeles malvados (2 P 2:4).
Los humanos (cuerpo y alma) son lanzados al castigo eterno (Mt 5:30; 10:28; 18:9; Ap 20:15).

Efectos del castigo eterno

Separación de Dios y su gloria (2 Ts 1:9).
Diferentes grados de castigo (Mt 11:21-24; Lc 12:47-48).
Estado eterno final (no hay segunda oportunidad) (Is 66:24; Mr 9:44-48; Mt 25:46; 2 Ts 1:9).

Bibliografía

Adams, Jay E.., *The Time Is at Hand*, [El tiempo está cerca], Presbyterian and Reformed, Philadelphia, PA, 1970.

Allis, Oswald T., *Prophecy and the Church*, [La profecía y la Iglesia], Presbyterian and Reformed, Philadelphia, PA, 1945.

Archer, Jr., Gleason L., *Alleged Errors and Discrepancies in the Original Manuscripts of the Bible* [Errores y discrepancias en los manuscritos originales de la Biblia] ed Norman L. Geisler ed., Inerrancy [La Inerrancia], Zondervan, Grand Rapids, MI, 1979.

Archer, Jr., Gleason L., *The Rapture: Pre-, Mid-, Post-tribulational?* [El rapto, ¿pre, medio, o post-tribulacionial?], Zondervan, Grand Rapids, MI, 1984.

Augsburger, Myron S., *Quench Not the Spirit* [No apagueis al Espíritu], Herald Press, Scottdale, PA, 1961.

Barreh, C.K., *The Holy Spirit and the Gospel Tradition* [El Espíritu Santo y la tradición del evangelio], Hollen Street Press, London, 1947.

Belcher, Richard P., *A Comparison of Dispensacionalism and Covenant Theology* [Una comparación del dispensacionalismo y la teología del pacto], Richbarry Press, Columbia, SC, 1986.

Berkhof, Louis, *The History of Christian Doctrines* [La historia de la doctrina cristiana], Backer, Grand Rapids, MI, 1937.

Berkhof, Louis, *Teología sistemática*, Eerdmans, Grand Rapids, MI, 1969, 1972.

Berkouwer, G.C., *The Person of Christ* [La persona de Cristo], Eerdmans, Grand Rapids, MI, 1954.

Berry, Harold J., *A Sign To Unbelieving Jews* [Una señal para los judíos incrédulos], Good News B 30:2, 1972, pp. 20-22.

Biesner, E. Calvin, *God in Three Persons* [Dios en tres personas], Tyndale, Wheaton, IL, 1984.

Bromiley, G.W., ed., *The International Standard Bible Encyclopedia* [La enciclopedia de la internacional Standard Bible].

Brown, Harold, *Heresies* [Herejías], Doubleday, Gorden City, NY, 1984.

Burns, J. Patout, ed., *Theological Anthropology* [Antropología teológica], Fortress Press, Philadelphia, PA, 1981.

Calvino, Juan, *Institución de la religión cristiana,* Editorial Clie, Terrassa, España, 1982.

Carl Brumback, *What Meaneth This?* [¿Qué significa esto?], Gospel Publishing House, Springfield, MO, 1961.

Chafer, Lewis Sperry, *Teología sistemática ,*8 vol., [Publicaciones Españolas, 8 vol.], Dalton, GA, 1974.

Chafer, Lewis Sperry, *Major Bible Themes* [Principales temas bíblicos], Zondervan, Grand Rapids, MI, 1974.

Chapman, Colin, *Christianity on Trial* [Cristianismo en juicio], Tyndale, Wheaton, IL, 1974.

Clouse Robert G., ed., *The meaning of the Millenium: Four Views* [El significado del milenio: Cuatro puntos de vista], InterVarsity Press, Downers Grove, IL, 1977.

Cook, W. Robert, *Systematic Theology in Outline Form* [Teología sistemática en compendio], notas inéditas de los prolegómenos y clases de bibliología en el. Seminario Western Portland, OR, 1981.

Criswell, W.A., ed., *The Criswell Study Bible* [Biblia de estudio Criswell], Thomas Nelson, New York, NY, 1979.

Culman, Oscar, Peter: *Disciple, Apostle, and Martyr* [Pedro, discípulo, apóstol y mártir], Westminster Press, Philadelphia, PA, 1953.

Delitzsch, Franz J. y Paton J. Gloag, *The Messianic Prophecies of Christ* [Las profecías mesiánicas de Cristo], Klock and Klock, Minneapolis, MN, 1983.

Dickason, C. Fred, *Angels, Elect and Evil* [Ángeles, elegidos y caídos], Moody, Chicago, IL, 1975.

Douglas, J.D, ed., *Illustrated Bible Dictionary* [Diccionario Bíblico Ilustrado], Tyndaly, Wheaton, IL, 1980.

Drawbridge, C.L., *Common Objections of Christianity* [Objeciones comunes al cristianismo], R.S. Roxburghe House, London, 1914.

Dulles, Avery, *Models of Revelation* [Modelos de la revelación], Doubleday, Garden City, NY, 1983.

Elwell, Walter A., ed., *Evangelical Dictionary of Theology* [Diccionario evangélico de teología], Baker, Grand Rapids, MI, 1984.

Enns, Paul, *The Moody Handbook of Theology* [El manual de teología Moody], Moody, Chicago, IL, 1989.

Erickson, Millard J., *Christian Theology* [Teología cristiana], Baker, Grand Rapids, MI, 1983.

Erickson, Millard J., ed., *Readings in Christian Theology, Vol. 2* [Lecturas de teología cristiana, Vol. 2], Baker, Grand Rapids, MI, 1976.

Evans, Robert, *Pelagius-Inquires and Reappraisals* [Pelagio: preguntas y reconsideraciones], The Seabury Press, New York, NY, 1968.

Feinberg, Charles L., *Premillennialism or Amillennialism* [Premilenialismo o amilenialismo], American Board of Missions to the Jews, New York, NY, 1961.

Ferguson, Sinclair B., David f. Wright, J.I. Parker, ed., *New Dictionary of Theology* [Nuevo diccionario de teología], InterVarsity Press, Downers Grove, IL, 1988.

Ferre, Nels R.S., *The Universal World* [El mundo universal], The Westminster Press, Philadelphia, PA, 1964.

Friesen, Harry, *A Critical Analysis of Universalism, Th.D. Dissertations* [Un análisis crítico del universalismo, Disertación del Th.D.], Seminario Teológico de Dallas, Dallas, TX, 1968.

Fromow, George H, *Will The Church Pass Through the Tribulation?* [¿Pasará la Iglesia por la tribulación?], Sovereign Grace Advent Testimony, London, sin fecha.

Geisler, Norman y Nix, William E.., *A General Introduction to the Bible* [Una introducción general a la Biblia], Moody, Chicago, IL, 1986.

Geisler, Norman, *Christian Apologetics* [Apologética cristiana], Baker, Grand Rapids, 1976.

Gerstner, John H., *Reasons for Faith* [Razones para la fe], Baker, Grand Rapids, 1967.

Gonzalez, Justo L., *Christian Thought* [Pensamiento cristiano], Abingdon, Nashville, TN, 1970.

Green, James Benjamin, *Studies in the Holy Spirit* [Estudios en el Espíritu Santo], Fleming H. Revell, New York, NY, 1936.

Griffith-Thomas, W.H., *How We Got Our Bible* [Cómo tenemos nuestra Biblia], Dallas Seminary Press, Dallas, TX, 1984.

Gundry, Robert H., *The Church and the Tribulation* [La Iglesia y la tribulación], Zondervan, Grand Rapids, MI, 1973.

Gundry, Stanley y Alan F. Jonhson, *Tensions in Contemporary Theology* [Tensiones en teología contemporánea], Baker, Grand Rapids, MI, 1976.

Hannah, John, *History of Church Doctrine 510* [Historia de la doctrina de la iglesia 510], notas inéditas de clase, verano de 1986.

Hill, William J., *The Three-Personed God* [El Dios en tres personas], Catholic University Press, Washington DC, 1982.

Holloman, Henry W., *Notes from Theology II* [Notas de Teología II], Profesor de la Escuela de Teología Talbot, 1976.

Hodge, Charles, *Systematic Theology, Vol.. 2* [Teología Sistemática, Vol. 2], Eerdmans, Grand Rapids, MI, 1973.

Hoekema, Anthony A., *The Bible and the Future* [La Biblia y el futuro], Eerdmans, Grand Rapids, 1979.

House, H. Wayne, *An Investigation of Black* Liberation Theology [Una investigación sobre la teología de liberación negra], Biblioteca Sacra, Vol. 139, N°. 554, abril/junio, 1982, pp.159-76.

House, H. Wayne y Thomas Ice, *Dominion Theology: Blessing or Curse?* [Teología del Dominio: ¿Bendición o maldición?], Multnomah Press, Portland, OR, 1988.

Howe, Frederick, *Chanllenge and Response* [Desafío y respuesta], Zondervan, Grand Rapids, MI, 1982.

Hoyt, Hertman, *The End Times* [Los últimos tiempos], Moody, Chicago, IL, 1969.

Joppie, A.S., *The Ministry of Angels* [El ministerio de los ángeles], Baker, Grand Rapids, MI, 1953.

Jukes, Andrew, *The Names of God in Holy Scripture* [Los nombres de Dios en la Sagrada Escritura], Kregel Publications, Grand Rapids, MI, 1986.

Klaassen, Walter, ed., *Anabaptism in Outline* [Anabaptismo en compendio], Herald Press, Scottdale, PA, 1981.

Kligerman, Aaron J., *Messianic Prophesy in the O.T.* [Profecía mesiánica en el Antiguo Testamento], Zondervan, Grand Rapids, MI, 1957.

Ladd, George Eldon, *The Blessed Hope* [La esperanza bendita], Eerdmans, Grand Rapids, MI, 1956.

Leith, John H., *Creeds of the Churches* [Credos de las iglesias], John Knox Press, Richmond, VA, ed. rev., 1973.

Lightner, Robert P., *The Death Christ Died* [La muerte que Cristo murió], Regular Baptist Press, Shaumberg, IL, 1973.

Long, Gary, *Definite Atonement* [Redención definida], Presbyterian and reformed, Philadelphia, PA, 1977.

Ludwigson, R., *A Survey of Bible Prophecy* [Una investigación de la profecía bíblica], Zondervan, Grand Rapids, MI, 1973.

Lutero, Martin, *The Book of Concord* [El libro del acuerdo], Fortress Press, Philadelphia, PA, 1959.

MacPherson, Norman, *Triumph Through Tribulation* [Triunfo a través de la tribulación], First Baptist Church, Otego, NY, 1944.

MacPherson, Dave, *The Incredible Cover-up* [La coartada increíble], Logos International, Plainfield, NJ, 1975.

Mayhue, Richard, *Snatched Before the Storm! A Case for Pretribulation* [¡Arrebatados antes de la tormenta! Un caso a favor de la pretribulación], BMH Books, Winona Lake, IN, 1980.

McDowell, Josh, *El factor de la resurrección*, Clie, Terrassa, España, 1988.

McRae, William, *The Dynamics of the Spiritual Gift* [La dinámica de los dones espirituales], Zondervan, Grand Rapids, MI, 1976.

Miley, John, Systematic Theology, Vol. I [Teología sistemática, Vol. I], Hunt and Heaton, New York, NY, 1892.

Moyer, Elgin, Wycliffe *Biographical Dictionary of the Church* [Diccionario biográfico Wycliffe de la Iglesia], Moody, Chicago, IL, 1982.

Mueller, John Theodore, *Christian Dogmatics* [Dogmas Cristianos], Concordia, St. Louis, MO, 1955.

Murray, John, *The Imputation of Adam´s Sin* [La imputación del pecado de Adán], Presbyterian and Reformed, Philipsburg, NJ, 1959

Nash, Ronald, *The Concept of God* [El concepto de Dios], Zondervan, Grand Rapids, MI, 1983.

Needham, Mrs. George, *Angels and Demonds* [Ángeles y demonios], Moody, Chicago, IL, sin fecha.

Ott, Ludwig, *Fundamentals of Catholic Dogma* [Fundamentos del dogma católico], Herder Book Company, St. Louis, MO, 1960.

Pache, René, *The Inspiration and Authority of Scripture* [La inspiración y autoridad de la Escritura], Moody, Chicago, IL, 1969.

Parker, James, *The Way of Salvation* [El camino a la salvación], Biblioteca Sacra, Vol. 130, Nº. 517, enero/marzo, pp. 3-11.

Palmer, Edwin H., *The Five Points of Calvinism* [Los cinco puntos del calvinismo], Baker, Grand Rapids, MI, 1972.

Payne, J. Barton, *The Imminent Appearing of Christ* [La inminente venida de Cristo], Eerdsman, Grand Rapids, MI, 1962.

Pentecost, J.D., *Eventos del porvenir*, Editorial Libertador, Maracaibo, Venezuela, 1977.

Picirilli, Robert E., *He Emptied Himself* [Se despojó a sí mismo], Biblical Viewpoint, abril de 1969, pp. 23-30.

Pinnock, Clark H., *Reason Enough* [Razón suficiente], InterVarsity, Downer Grove, IL, 1980.

Ramm, Bernard, *The God Who Makes a Difference* [El Dios que hace una diferencia], Word Books, Waco, TX, 1972.

Reese, Alexander, *The Approaching Advent of Christ* [La próxima venida de Cristo], Marshal Morgan, Scott, London, 1932.

Reiter, Richard R., Feinberg, Paul D., Archer, Gleason L. y Moo, Douglas J., *The Rapture: Pre-, Mid-, Post-tribulational?* [El rapto, ¿pre, medio, o post-tribulacionial?], Zondervan, Grand Rapids, MI, 1984.

Rice, John R., *Our God Breathed Book-The Bible* [El libro inspirado por nuestro Dios, la Biblia], Sword of the Lord Publishers, Murfreesboro, TN, 1969.

Rice, John R, *The Power of Pentecost or the Fullness of the Spirit* [El poder de pentecostés o la plenitud del Espíritu], Sword of the Lord Publishers, Murfreesboro, TN, 1949.

Rose, George, *Tribulation Till Translation* [Tribulación hasta el traslado], Rose Publishing, Glendale, CA, 1942.

Ryrie, Charles C., *Dispensacionalismo, hoy*, Editorial Portavoz, Grand Rapids, MI, 1992.

Ryrie, Charles C., *Teología básica,* Editorial Unilit, Miami, FL, 1993.

Ryrie, Charles C, *Biblia de estudio*, Editorial Portavoz, Grand Rapids, MI, sin fecha.

Ryrie, Charles C, *El Espíritu Santo*, Editorial Portavoz, Grand Rapids, MI, 1993.

Samarin, William J., *Tongues of Men and Angels* [Lenguas humanas y angélicas], Macmillan, New York, NY, 1972.

Shannon, Franklin J., *John Wesley´s Doctrine of Man* [La doctrina de John Wesley sobre el hombre], Tesis del Seminario Teológico de Dallas, 1963.

Shedd, William G.T., *Dogmatic Theology* [Teología dogmática], The Judson Press, Chicago, IL, 1907.

Soulen, Richard N., *Handbook of Biblical Criticism* [Manual de crítica bíblica], John Knox Press, Atlanta, GA, 1976.

Spencer, Duane Eduard, *TULIP*, Baker, Grand Rapids, MI, 1979.

Sproul, R.C., *Reason to Believe* [Razón para creer], Zondervan, Grand Rapids, MI, 1982.

Steel, David N. y Curtis C. Thomas, *Five Points of Calvinism* [Los cinco puntos del calvinismo], Presbyterian and Reformed, Philadelphia, PA, 1965.

Stevens, W. Earle, *A Refutation of Universal Salvation* [Una refutación a la salvación universal], Tesis del Seminario Teológico de Dallas, 1942.

Strong A.H., *Systematic Theology* [Teología Sistemática], N.J. Revell, Westwood, 1907.

Sumrall, Lester, *The Reality of Angels* [La realidad de los ángeles], Thomas Nelson, Nashville, TN, 1982.

Tan, Paul Lee, *The Interpretation of Prophecy* [La interpretación de la profecía], Cushing-Malloy, Inc., Michigan, MI, 1974

Tenney, Merrill C., *The Zondervan Pictorial Encyclopedia of the Bible* [Enciclopedia ilustrada de la Biblia Zondervan], Zondervan, Grand Rapids, MI, 1976.

The Greek New Testament [El Nuevo Testamento griego], American Bible Society, New York, 1975.

Thiessen, Henry C., *Lectures in Systematic Theology* [Disertación en teología sistemática], Eerdmanns, Grand Rapids, MI, 1979.

Thompson, F.C., ed., *The New Chain Reference Bible* [La nueva Biblia de referencia Chain], B.B. Kirkbridge Bible Co., Inc., Indianapolis, IN, 1964.

Toon, Peter y James Spiceland, eds., *One God in Trinity* [Un Dios en Trinidad], Cornerstone Books, Westchester, IL, 1982.

Toon, Peter, *Heaven and Hell* [Cielo e infierno], Thomas Nelson, Nashville, TN, 1986.

Torrey, R.A., *The Person and Work of the Holy Spirit* [La persona y la obra del Espíritu Santo], Fleming H. Revell, New York, 1910.

Tozer, A.W., *The Knowledge of the Holy* [El conocimiento del Santo], Harper & Row, San Francisco, CA, 1961.

Unger, Merrill F., *Unger´s Bible Dictionary* [Diccionario bíblico Unger], Moody, Chicago, IL, 1966.

Walker, Williston, *A History of Christian Church* [Una historia de la iglesia cristiana], Scribners, New York, 1970.

Walvoord, John F., *Jesus Christ Our Lord* [Jesucristo nuestro Señor], Moody, Chicago, IL, 1969.

Walvoord, John F. y Roy B. Zuck, eds., *The Bible Knowledge Commentary, Vol. 2: New Testament* [El comentario del conocimiento bíblico, Vol. 2: El Nuevo Testamento], Victor Books, Wheaton, IL, 1983.

Walvoord, John F., *The Millennial Kingdom* [El reino milenial], Zondervan, Grand Rapids, MI, 1959.

Walvoord, John F., *The Rapture Question* [La cuestión del rapto], Dunham Publising, Grand Rapids, MI, 1954.

Walvoord, John F., *The Blessed Hope and the Tribulation* [La esperanza bendita y la tribulación], Eerdmans, Grand Rapids, MI, 1976.

Warfield, B.B., *The Plan of Salvation* [El plan de salvación], Eerdmans, Grand Rapids, MI, 1935.

Witmer, John A., *The Inerrancy of the Bible; Walvoord: A Tribute* [La inerrancia de la Biblia; Walvoord: un tributo], Moody, Chicago, IL, 1982.

Liderazgo con Propósito
audio libro

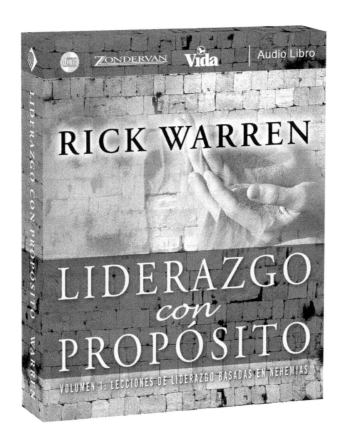

En estos doce capítulos acerca del liderazgo,
el pastor Rick Warren examina la vida y el
ministerio extraordinario de Nehemías,
esbozando importantes puntos de vistas
y analogías acerca de lo que conlleva el tener un
éxito rotundo en la conducción de las personas
a través de proyectos difíciles.

Una vida con propósito

Rick Warren, reconocido autor de *Una Iglesia con propósito*, plantea ahora un nuevo reto al creyente que quiere alcanzar una vida victoriosa. La obra enfoca la edificación del individuo como parte integral del proceso formador del cuerpo de Cristo. Cada ser humano tiene algo que le inspira, motiva o impulsa a actuar a través de su existencia. Y eso es lo que usted podrá descubrir cuando lea las páginas de *Una vida con propósito*.

NVI Audio Completa

La Biblia NVI en audio le ayudará a adentrarse en la Palabra de Dios. Será una nueva experiencia que le ayudará a entender mucho más las Escrituras de una forma práctica y cautivadora.

Nos agradaría recibir noticias suyas.
Por favor, envíe sus comentarios sobre este libro
a la dirección que aparece a continuación.
Muchas gracias.

Editorial Vida
Vida@zondervan.com
www.editorialvida.com

Milton Keynes UK
Ingram Content Group UK Ltd.
UKHW050122070923
428148UK00012B/445